通識教育叢書

官箴與史記的對望

陳連禎　著

侯序

人間四月天，甫從躍升為世界金融第三大的新加坡參訪歸國，放眼新加坡的過去、現在與未來，對照臺灣的現況，有頗深的感慨。

新加坡的成功固然令人艷羨，細思他們困於天然資源匱乏，加上剛脫離殖民統治的落後小國，百廢待舉。在李光耀統治三十年的積極興利除弊建設後，建立起全世界最有效率、最廉潔的城市國家，徹底打破了「權力使人腐化，絕對的權力使人絕對腐化」鐵律的魔咒。每年國際透明組織調查證明，新加坡的透明度都高居亞洲第一位。

試想同樣都是華人世界，新加坡能，為什麼臺灣不能？我們都喜愛旅遊這個夜不閉戶的美麗城市，政府機關也很喜歡編列預算去那裡考察，官員絡繹不絕於途。然而，回來寫完考察報告，以後呢？束之高閣而已。

新加坡的成功固然舉世矚目，細思他們政經成就的關鍵處，在於國家領導人能說到做到，並且率先以身作則。他們成立貪汙防治調查局以後，放手積極主動偵辦不法，而李光耀絕不干涉辦案，更不講人情，例如一九六六年閣員陳家彥貪汙、部長黃循文接受廠商招待，更令人推重的是有多年老交情的部長鄭章遠被約談前向他求情，他都不為所動，依

法立案偵辦。這才是庶民想望的民主與法治。他為國為民興利除弊，厚德載物情懷，令我敬佩而神往。

宋代呂本中《官箴》開宗明義：「當官之法，唯有三事；曰清，曰慎，曰勤。」全書標舉「清、慎、勤、忠、直、忍」為六字主軸，以清為始，以忍為終，警世智慧，令人動容。其內容篇幅不大，但卻道盡儒家為官之道。古代的《官箴》即現今公務倫理的概念，也就是公務員除了必須具備專業知能外，在推動政務與處理公務時，更應恪守公務員應有的倫理道德規範；而公務倫理的落實，需要核心價值的導引。例如保持單純的生活交往，「當官者，凡異色人皆不宜與之相接」；處理公務正直，也要有同理心，「當官之法，直道為先」，「直不犯禍，和不害義」；相忍為民興利除弊，「忍之一事，眾妙之門，當官處事，尤是先務」更是智慧之語，必須反覆揣摩，方有所得。公務員在日常的工作上，將民眾福祉與國家利益兼顧而落實，才能移風易俗，促進正向而良善的社會風氣。

連禎兄出版所編著《官箴與史記的對望》，符應當前所需，個人深表敬佩。以古鑑今，相信經由本書《官箴》與《史記》中的人物相互對應，透過故事性的論述，使讀者更容易理解《官箴》的精髓及學習歷史的經驗。我始終相信中華文化能幫助我們體悟及實踐古人的智慧，並且可以培養寬闊的胸襟與正確的價值觀，進而引以為借鏡，避免重蹈歷史的覆轍。

《史記》是中華民族最偉大一部史學鉅著，司馬遷「述往事，思來者」，著述《史記》一百三十篇五十二萬餘字，他的用心在企盼後人不要重蹈前人的覆轍。連禎兄舉隅呂本中《官箴》的教誨與自己對《史記》體會的心得相互對望融會貫通，實在難能可貴。如果說經典是人類

歷史文化長流中的明燈，則經典詮釋者便是提燈的人，幫我們把黑暗的路途照亮，其用心令人敬佩，故樂為之序。

侯友宜

新北市市長

郝序

　　古今相望，以古鑑今，是前警察專科學校陳連禎校長所撰寫的《官箴與史記的對望》的本意與宏圖。這本專書帶領我們踏上一場思想之旅，陳校長以《官箴》為經緯，鑲嵌《史記》人物，讓官箴之抽象倫理透過生動的《史記》人物之對應，一場穿越時空的對照，將我們帶入官箴的世界，綜覽官箴的智慧，穿越《史記》的歷史長廊，深入探討文官倫理的精髓，尋找古今之間的共通性，從古代智慧中尋找文官倫理的現代啟示。

　　《官箴》是古代中國儒家文化的瑰寶，寓意著君臣之道、父子之義、朋友之情、兄弟之恩等重要倫理觀念的集大成，結合了倫理道德和歷史記錄兩種視野，深蘊道德和倫理的核心價值，強調君主應以仁愛之心治國，而臣子則應忠誠為耿，共同為國家和民眾的幸福而貢獻。這些古代的智慧觀念，同樣也適用於我們當前的文官制度，文官必須堅守忠誠、公正、負責的原則，將公眾利益視為最高的使命，恪守道德和倫理規範，為國家和社會的發展作出積極貢獻。《官箴》可說是文官的道德指南，不僅是文官為政為民的底氣，也是文官依法行政的嚮導。

　　《史記》是中華民族歷史上的一部偉大之作，記錄了自上古時代至秦漢時代的重要歷史事件和偉大人物的事蹟。《史記》不僅提供了對中國

歷史的詳盡了解，包括政治、軍事、文化和社會方面的各種記錄，《史記》也彰顯歷史本身就是一本寶貴的教科書，在《史記》中，我們見證許多偉大政治家、軍事將領、文化名人的成功與失敗。通過一個個具體歷史人物的故事，我們可以汲取寶貴的經驗教訓，避免犯下相同的錯誤，也可以借鑒成功之道。從《史記》中可以學到領導管理、危機應對、決策和改革等各方面的智慧，這對我們作為文官具有極大的啟發意義。

《官箴》倫理與《史記》人物對望，陳校長在這本專書中，巧妙地將《官箴》和《史記》兩者相互對照，在《官箴》中強調的仁愛之心和忠誠正義，清慎勤忍與通權達變等倫理意涵在《史記》人物中得到了生動的呈現：看準時機為劉邦定朝儀的叔孫通，是《官箴》「盡心為急，以方便為上」的最佳典範人物，叔孫通能夠體察趨勢、與時俱進而變化肆應，通權達變，對應現代話語是要找對（right）的人，在對（right）的時機，來做對（right）的事；能以暴怒為戒，並遇事能冷靜沉著的呂雉，是《官箴》中「當官者，先以暴怒為戒，……凡事只怕待」的典範，在現今公務多元化且須高度尊重民意的現代公務情境下，對文官具有非常實戰性的現代啟示；對照於《官箴》中的「嘗謂仁人所處，能變虎狼如人類，……如其不然，則變人類如虎狼」，陳校長巧心地挑選出孔子與季康子為對比人物，孔子在魯國擔任大司寇時，以身作則，上行下效，以仁治國，故能變虎狼如人類，而季康子則是另一強烈對照組，強調嚴刑峻法，卻反而變人類如虎狼的戲劇性對比；《官箴》開宗明義：「當官之法，唯有三事：曰清、曰慎、曰勤」，其中又以清廉為最關鍵首要，「後生當官，其使令人無乞丐錢物處，即此職事可為」，而陳校長又以漢初陳平遠離貪汙之源為例，認為其為「清、慎、勤」的最佳實踐者，同時以戰國時代魏國西門豹為例，彰顯「當官者，凡異色人皆不

宜與之相接」，令人驚訝地發現遠在《官箴》中就有現代的《公務人員廉政倫理規範》的廉政要求，以及端正警政風紀規範中不得涉足不正當場所以及不得與特定人士交往的原始範本。

　　倫理道德抽象地像空氣虛無縹緲，又如空氣般地不可或缺的重要，要將抽象的倫理道德帶入人心，具體教化深植行為，更是無比艱難。陳校長發揮文學巧思，貫穿史料典籍，將《官箴》與《史記》對望，將古今與倫理對話，將抽象與具體對位，猶如《十誡》的電影版，這是一個官箴的科普版與歷史小說版，也是值得每位文官共思悅讀的珍藏版。

郝培芝
駐法國大使、前考試院公務人員保障暨培訓委員會主任委員

孫序

民國六十年代初，我們被迫退出聯合國，中華民國陷入內、外交逼的嚴重困境，我們不但喪失了參與國際社會的正常身分，國共的歷史糾結，也讓我們的國家認同呈現分裂的狀態。所幸，我們堅守了民主的價值，並透過本土化的深根，紓解了來自內外的夾擊；民國八十年代前後民進黨創立、解嚴、修憲、終止動員戡亂、國會改造並全面改選、總統直選等等一連串的變革，穩住並活化了我國的憲政體制。

但民主化的發展，帶動的改革當然不會只停留在憲政層面，經濟、社會、勞工、農民、醫療、環保、族群、教育等等議題，一一浮上檯面，臺灣充滿活力，也充滿挑戰。近半個世紀以來一波又一波的變革，首當其衝的當然是維護社會秩序、執行公權力的司法、檢調和軍警人員，其中尤其以站在第一線的警察同仁，面對的誘惑、壓力、挑釁最為直接，執法的難度也最高。雖然總體上看，臺灣民主化的過程堪稱平順，但無可否認的，這中間不少公務員、警察同仁被絆倒了，貪瀆和破壞官箴的事情也層出不窮。

警察、消防、海巡人員是公權力行使的第一道防線，他們代表國家站在村鄰里最貼近民眾的地方，陳連禎前校長，是我認識三十年的兄長，過去看他在臺北信義分局和後來調派的任所，皆一貫重視人文環境

的營造，顯示他的領導風格當中，對文史、藝術乃至處世態度等那些看不見的人格陶成工作，有著相當的信念與堅持。民國九十八年他接掌警專校長後，在這方面的思考與實踐更見積極。他邀我去談原住民，並規劃多元文化課程，此外規劃情境教育中心、創辦通識教育中心、通識叢刊，鼓勵與重視人文教學與研究。或許有人會認為這是虛幻、無用的東西，專業課程和術科訓練才是培育現代警察的核心項目；事實不然，人格陶成是本，本若不立，其他智能、技術之教導、學習，就像沒有方向、沒有煞車的火車一樣，本身就成了災難。對行使公權力的人來說，何是本？何為末？再清楚不過了。

陳校長本身應該就是「君子務本」的實踐者，為人謙讓且善與人合作，是我對陳校長人格的另一層觀察。這幾年他深入儒家典籍，對《史記》的研修、感悟更多，不但有專著，且能與自己的生活體驗相對照，成了有血有肉的閱讀。他說「玩味不盡」，實在是見道之語。作為一個「務本」的校長，如何將經典「玩味」到生活與工作裡面，乃是一不容自己的驅迫。他以身作則，編撰《官箴與史記的對望》一書，融合了陳校長對《史記》多年研究的心得，配合自己從警四十餘年的公務體驗，「對望」、「印證」了《史記》中的人物與《官箴》格言，並折射到公務生活的方方面面，這本書應該是他留給公務員最珍貴的禮物。

監察院監督各級政府，所有公務人員崇法務實、嚴守官箴，這除了需要有外在法令制度的規範外，如何從內在活出價值和意義來，才能發揮公務人員積極的能動性，這得踏實地從「務本」的教育實踐入手。陳校長編撰《官箴與史記的對望》一書公開發行，此乃警政之光、國家之福。

孫大川

總統府資政、監察院前副院長

黃序

　　自古以來，文人墨客對於治國安邦皆有深遠的探討與反思。在中國古代文獻中，《官箴》與《史記》是兩部極具代表性的作品，其事遐遠，影響久遠。前者由北宋文人呂本中所著，是一部中國古代居官格言之著作，其反映宋代官員對當時治國安邦的自我理念和要求；後者則是西漢著名史學家司馬遷所撰寫的紀傳體通史，其記載了有關政治、經濟、文化等各方面的史料。儘管二者的內容和形式有所不同，但在本書中，透過陳前校長精闢地解析《官箴》格言要義，再與《史記》中的人物事蹟相互輝映，讓讀者身處公門，當以忠恕為本，行事謹慎，以身作則，無愧於心；為人處事，當以仁義為先，凡事謀之於善，行之以篤。

　　在《官箴》中，蘊含了豐富的「自我」為政智慧。官者，知天命也；民者，邦之根也。苟欲治天下者，當先治其生出之地，以鞏固根本，而後可擴及治理全國，使百姓安居樂業，社稷安泰，此乃為官者重點要義。本書精選數則《官箴》精華思想，並投映於《史記》人物，從叔孫通、呂雉、孔子、郅都、張湯、陳平、商鞅、西門豹、蕭何等數人生動事蹟上，可看到古代強調官員應自負其志，求於無已；虛心修身，恪守法度，不敢懈怠；忠於職守，清正廉潔，不得貪汙及濫用職權；明辨是非，公正執法，做到「官清民安」、「風行草偃」境界。

陳前校長擔任警職期間，歷經分局長、督察長、副局長、新竹市及彰化縣警察局局長、臺灣警察專科學校校長等要職，將自身豐富的警察外勤實務經驗，與其深厚的國學涵養相互結合，以精闢獨到見解呈現於本書之中。警察人員閱讀本書可了解「順應時事」、「冷靜沉著」、「戒急用忍」、「以身作則」、「比例原則」、「廉潔自持」、「權衡得宜」、「交往戒慎」、「執法不徇私」及「凡走過必留痕跡」之重要性。細心品味文字，汲取本書之長，凡有所得，當善加消化，深思熟慮，以此端正自我言行、提高執法素養。

　　現今社會在時代巨輪驅動下，日新月異、瞬息萬變，身為公務人員、執法人員，除應與時俱進外，更應擷取前人先賢的寶貴經驗和智慧，鑑古知今、繼往開來，對國家、社會、人民做出更大貢獻。本人在此推薦，陳前校長《官箴與史記的對望》一書，是一本值得珍藏閱讀的好書。

黃明昭

國家安全局副局長、前內政部警政署署長

嚴序

質諸天地而不疑

一　有真知識才有真道德

　　武王伐紂，「周」因而從商朝末年一個很小的部落而成為一個天下一統的封建制度的天子！封建制度之下「溥天之下莫非王土，率土之濱莫非王臣」；從三千分之一成唯一，如此這般的好運真是令周朝的開國者欣喜之餘憂患油然而生：好運緣何落到自己身上，必得弄清楚，俾免糊裡糊塗的錯失好運！而這般的探尋、確認的過程不能只置諸胸臆、不能有一絲自以為是，因為不能有一點錯誤，三千年前的周公採取了一條人間道：求證諸歷史！從而發現夏朝開國者夏禹愛護人民所以取得天下；但是夏朝最後一位君王夏桀胡作非為、肆虐百姓所以失了天下！商朝的開國國君商湯愛護人民、造福百姓，所以有天下；商朝的最後一位君王商紂肆虐百姓所以失了天下！經由這一番歷史的回溯與檢討，周朝的建國者不敢師心自用，自詡為「上帝的選民」，而是從人間實事得到結論：「得民心得天下；失民心失天下」！「民之所欲，天必從之」（《尚書・周書・泰誓》）！秉此認知而建立了周朝的開國規範「民之所欲長在我心」！要求分封至各地以屏藩王室的諸侯們「恫瘝乃身」（把百姓的疾苦放在心上）、「視民如傷」（把百姓當作自己身上的傷口般照

顧）。「恫瘝乃身」、「視民如傷」應該是舉世最早的「王者箴」，這般執政者自我要求的規範也樹立了數千年來中國的政治道統：民為邦本！

千年以來多視這般執政者自我要求、自我檢束為道德，誠然大錯特錯，「執政者自我要求、自我檢束」乃是保衛政權的最高智慧——周朝傳國八百年、是中國歷史上政權最久的朝代乃是智慧之果、而非純然的道德！

二　以史為鏡

清朝是異族入主中原，以一個次文化（滿清有四百年歷史、有自己的文字）、少數種族欲有效統整、管理有數倍人口、歷史悠久的漢民族，豈容冒然？因此在入關前作了一個準備工作：找了一位漢人，要求他綜整中國歷朝歷代興、亡的原因，從而建置滿清的「家法」；就這個法制的名稱清晰可知：這個法制不是管束老百姓的，是對帝王的約束！從而有了康、雍、乾——中國歷史上唯一的百年盛世！

三　長河流金

當代國學大師錢穆先生曾經指出：周公關閉了中國人對神的依賴而開啟了一扇人文視窗，中國文化是全世界到目前為止的唯一的人文文化；人文文化的根柢——反求諸己！反躬自省！從而能自強不息！

時光荏苒、長河流金，自周公至大清近三千年，此一治政道統亙古不移！質諸天地亦無可疑異！

中國傳統文化的「三綱」之首是「君為臣綱」：領導人是下屬的榜

樣和標準。所以君王務必自我檢束「作之君，作之師」（《尚書・周書・泰誓》）！推而廣之即是為臣屬者當然應上行下效，以領導人為榜樣：自我檢束！

新加坡建國者、新加坡國父李光耀建國伊始即強調：行政官員素質優異是老百姓幸福的保證！李光耀執政期間極為注重培養、監督、考核行政官員是舉世皆知！而新加坡政治清明亦是舉世皆知！李光耀資政應該不曾讀過中國之《官箴》，而本於保衛政權之執政之情懷與歷練而有如斯之體悟！與中國之先聖先賢「聖賢所見略同」！

自西周開始即有《官箴》之典籍，《官箴》是浩如煙海的中國古代文化典籍的重要組成部分。而《四庫全書提要》特推崇宋・呂本中之《官箴》：「此書多閱歷有得之言，可以見諸實事。書首即揭清、慎、勤三字，以為當官之法，其言千古不可易。」警專陳校長以呂本中之《官箴》與《史記》對望，「經史合參」，傳承「以史事檢驗經典，以經典檢證史事」之中國文化之文統！深深期盼此書之發行對開發傳統典籍之時代意義得能廣為世人認知並能收激濁揚清、淑世善群之效！

嚴定暹謹誌
二〇二三年九月

自序

　　清朝進士陳宏謀，為官數省多年，退休後揉入為官經典與自己從政經驗的智慧結晶，編撰《五種遺規》，其中〈從政遺規〉首篇就是〈呂東萊官箴〉，句句堅韌動人而醒世。

　　呂本中字居仁，號東萊，人稱東萊先生；由於他的家族成員為官甚多，對於官場起伏榮枯見聞的體會，憂患意識更深，因此東萊先生所言字字珠璣，都是多年為官的歷練心得，誠懇道出官場浮沉做人處事的「眉角」，字字絲絲入扣。

　　東萊先生的《官箴》，講白的，就是為官之道的行政倫理、公務規範。先生鑑往知來，寫下言簡意賅而寓意深遠的《官箴》，不僅適合第一線執法者閱讀，一般公務員將它當成案頭書，天天朝夕正視，引為砥礪戒惕，必然政治清明。

　　而《史記》是一本有智慧的書，作者司馬遷的父親司馬談在臨終之際，沒有交代遺產處理，也沒有傳授為官秘訣，唯一叮嚀再三的事情，就是要兒子接棒，完成他未竟的《史記》撰述工程，最重要的理由是「孝始於事親，中於事君，終於立身」，最後的目標是「揚名於後世，以顯父母」。在〈太史公自序〉：「子曰：『我欲載之空言，不如見之於行

事之深切著明也。』」孔子認為，與其說了許多大道理，褒貶是非，其實不如舉出具體事例來佐證，將更具有說服力。多年學習警務與訓練員警，深有同感。

退休以來常與師友共讀《史記》，反覆思量，玩味不盡，深感《史記》許多人物的言行事蹟與呂本中《官箴》持戒的精神相互表裡，彼此足可發揮印證，是以將《官箴》道理與《史記》人物故事彼此相望，盼人印象深刻。

鑒於年來報載許多敗壞官箴現象，層出不窮，例如官商勾結、貪瀆腐化、交往複雜、出入不當場所、性騷、性侵、MeToo 事件等違法亂紀層出不窮，官員受到行政懲處、移送監察訓斥懲戒、司法起訴、判刑案例不一而足，而司法機關常見的審判用詞就是「敗壞官箴」。上行下效，不可不慎。

本書得以完成，深深感謝新北市侯友宜市長、駐法國大使的郝培芝老師、監察院前副院長孫大川先生，國家安全局副局長黃明昭先生，以及精研《易經》、《孫子》與《史記》斐然有成的嚴定暹老師，為《官箴》導讀、賜序。感謝萬卷樓圖書公司梁總經理錦興先生、張總編輯晏瑞、主編玉姍小姐的大力支持與細心編校，本書方能順利付梓。

此外，感謝前國語日報董事長、臺灣大學文學院長黃啟方老師慨允分享《官箴》全文逐條註釋，淑世人心功德無量。

《官箴》三十四則，本書限於篇幅，只舉《官箴》十一則，以《史記》事例相望印證，教人如何防範未然，杜絕弊端。若濃縮《官箴》全文精義，「清、慎、勤、忠、直、忍」六字而已。

陳連禎

二〇二四年七月

目次

以盡心為急，以方便為上 ⋯⋯⋯⋯⋯⋯⋯⋯⋯⋯⋯ 1

先以暴怒為戒，任何事最怕冷靜和耐心不夠 ⋯⋯⋯ 15

以盡心為急，以方便為上

一　前言

　　儒家人物的學問再好，如果沒有受過軍事訓練，不可能也不敢投入戰鬥行列，當然就沒有赫赫的戰功。但是，要治理天下而欲長治久安，則非有儒家人物留在政府機關不可，否則將無法長長久久地維穩。這種與時俱進思想的先驅儒家是孔子，而在漢初實踐成功的代表人物則非叔孫通莫屬。

　　叔孫通懂得看準時機，俟機而動，才能讓劉邦心動而願意配合他的精心規劃。經過有計畫的訪查、排演而制訂朝儀，得到劉邦的認可之後，叔孫通才得以打著儒家的旗號，制訂朝儀，一舉導正了劉邦厭惡「群臣飲酒爭功，醉或妄呼，拔劍擊柱」亂象。

　　叔孫通為官成功的關鍵，在於懂得順應時局變化，掌握君心需要，而引進儒生建立政府制度。他以《官箴》「盡心為急」，又「以方便為上」、體貼而成就大事，竟成為西漢儒生從政的典範。

　　呂本中《官箴》第十七則，標舉的是「處事之道」。在這一則內容裡，特別提到做人處事的視野和氣度。我們列舉頗受歷史學家爭議的對象——叔孫通，作為討論對象。因為，叔孫通儘管六易其主，但他最終的目標就是要將所學學以致用，能真真實實地施展出來淑世救國。

此外，劉邦賞賜叔孫通為「太常」——相當於內閣閣員的政務職務「九卿」之一後，竟然還能不忘兌現數年前對學生們許下的諾言，將所有學生一次引進政府體制，全都獲得了郎官的重要職位，如此破天荒有情有義的老師，又懂得權衡時宜，更有盡心盡力的辦事能力，解決當前時局的當務之急，當然最符合呂本中「處事之道」的歷史人物代表。

二　文本內容釋義

> 處事者，不以聰明為先，而以盡心為急。不以集事為急，而以方便為上。（《官箴》第十七則）

我們在立身處事上，絕對不要想賣弄小聰明，自以為是，而應當要抱持著盡心盡力的態度，去為國為民處理一切事務。「先」、「急」、「上」這三個字的意思都是一樣，有首要、當務之急的意思。究竟什麼事，才是我們在立身處事上最該堅持的信念？

「不以集事為急，而以方便為上」，強調的是我們氣度的大小，不要忙著都想要把一切大小事都急著要一次處理掉。每個人無不希望盡快達成工作目標，而且愈快愈早完成愈好，或是在有限的時間內，能完成愈多事愈好。雖然如此，我們在立身行事上，不能忘了只是心存理性自利，還是要有利他助人的思想和氣度，也就是凡事要多方考量，給予民眾帶來最大的效益。

其實，大多數人都有些小「聰明」，但「聰明」並不是「智慧」；「聰明」不過只是耳聰、目明——我們的耳朵能聽得很清楚，眼睛也能看得很清晰。但是「智慧」則不同，「智慧」要靠後天的歷練與培養。

我們歷經了許多挫敗和考驗後，能不被環境擊倒，還能再接再厲地站起來，內心就能洋溢起更多的勇氣。只要能擁有不屈不撓的強大勇氣，眼前所遭遇到的一切困境，就再也不是什麼難以克服的危機了。

相反地，由於我們已經沉澱心情，靜下心來，且培養出堅韌的底氣與從容，經過一番努力找尋解決問題的方法後，再回首時，看看眼前的困境，我們的氣度和視野就會變得完全不一樣。「智慧」能使一個人徹底更新，因受到激勵而成長。因此，想要成為一個成功的人，就應當培養「智慧」，體貼別人，盡心盡力地幫助他人，而不能自以為是地賣弄小聰明過小日子。

喜歡賣弄小聰明的人，難免都會想找到投機取巧的捷徑。若是如此自私自利，就很難盡心盡力做事。我們反對僵化思維，如果事前不能慢思細想出最好、最簡便的方法，執行起來就會事倍功半，如果缺乏配套措施，推動過程往往處處窒礙難行。

能盡心盡力，一定要有沉穩的耐心，還有願意承擔重責的正能量。這樣的人生態度，才能培養出對國家和社會做出最大貢獻的人才。這也就是曾子強調：「士不可不弘毅，任重而道遠。」

三　處事圓融，運用得恰到好處的叔孫通

儒生叔孫通，是大漢王朝建立朝儀制度的最重要推手。漢初叔孫通奉命到達山東魯地，徵召當地精通古代禮儀的專家學者，希望他們能夠一同前往長安城，去為百廢待舉、應興應革的大漢王朝效力，共同制定朝儀。這些徵招的三十名儒生中，卻出現有兩位食古不化的儒生，無論

如何都不願意隨行。原因就在他們認為叔孫通是個短視近利的投機份子。他過去曾在秦二世為官，後來改投奔現在的漢高祖劉邦，其間換過不少長官。這樣靠著逢迎拍馬，以求取榮華富貴的傢伙，怎麼可能與他共同為新君劉邦制定朝儀呢？他們二人根本瞧不起叔孫通。然而，太史公卻如此評價叔孫通，卻認為叔孫通不僅能夠體察當代的潮流趨勢與需求重點，更知道要如何制定出適合當時環境需要的公務禮制，以撥亂反正。叔孫通懂得與時俱進而變化，肆應環境，正因為懂得通權達變，因而成為漢代儒生的一代宗師。

為了要更清楚地讚揚叔孫通的權宜變通之道，太史公還再加上一句古書的話：說：「最直的東西，看上去好像是彎彎的。但可行的大道，其實就蘊藏在這飽含著彎彎曲曲的身上。」意思是說，「彎曲」不過只是過程罷了，能夠走到最直的道路上，才是境界最高的最終目標。叔孫通因為能夠鎖定目標，忍辱負重，才能從無數的彎曲道路中，終於走向直道的終點。

叔孫通究竟是何等人物？為什麼太史公要這般高度讚揚？

叔孫通的舞臺起點及他最後的落腳處

叔孫通原本是位秦朝末年的候補博士，秦朝的博士，不是現代的博士學位，而是皇帝的身邊侍從官員；他博學多聞，跟在皇帝身邊，以待皇帝垂問諮詢之用。

據《史記·叔孫通列傳》記載：叔孫通因為具有深厚的儒學基礎，因此在秦始皇時代，被徵召到朝廷，成為皇帝議政時的諮詢顧問（第一

個主子）。博士一職，相當於現在的總統府顧問性質。但這個時候，叔孫通還不是正式編制內的博士官員，他只不過是個候補博士。因此，叔孫通儘管再有才學，卻始終沒有正式參與議政的表現機會。

直到秦二世元年七月（西元前209年），陳勝、吳廣在安徽大澤鄉起義，叛軍起義的消息很快傳到大秦帝國的中央政府。當時的皇帝是秦二世胡亥（第二個主子），胡亥把博士與候補博士的叔孫通全都召集過來，要聽聽他們的看法，問：「楚國的小兵陳勝、吳廣所率領的起義軍隊，已經攻下了蘄縣，你們都說說看，這究竟是怎麼回事？」

在朝堂上參與議政的博士們都異口同聲地回答，這些叛軍根本就是造反，應當要派軍隊前去鎮壓，逮捕，全都給殺掉。沒想到這些話才剛說完，秦二世胡亥竟然氣得變了臉色。秦二世生氣的原因，並不是惱怒那陳勝、吳廣等率領的起義軍竟敢造反。而是站在他面前竟敢對他說真話的儒生。

當秦二世胡亥臉色大變的關鍵時刻，別的儒生都還沒看出門道，叔孫通卻已經完全了然於心。於是叔孫通便趕緊站上前去，搶著報告：「他們都說錯了，剛才儒生說的統統不對，哪有什麼起義軍造反？現在是聖明君主掌管政權的時代，我們的法令訂得這麼完備，官員又無不奉公職守，天下正是大一統格局，哪裡會有人起來造反？哪些人只不過是一群鼠輩狗盜的小毛賊而已，沒什麼值得擔憂的。只要當地的郡守和郡尉出兵，就能夠把他們全都逮捕起來，並加以處死，請皇上寬心吧！」

叔孫通這話一出口，秦二世馬上龍顏大悅。秦二世立刻再問其他博士一次，還有什麼其他看法？博士們見到秦二世的臉色難看，有些人就開始見風轉舵。於是出現兩派意見：一派是說陳勝、吳廣是造反的叛

徒。另一派則附和叔孫通，說他們全都是盜賊。

秦二世竟當場下令，凡說成是造反的博士，統統抓起來，全數交付司法審判。而說是毛賊的，一律沒事。至於最先提出來，說他們都是毛賊的叔孫通，則下詔獎賞二十匹絹帛、一套衣服，而且還讓叔孫通升級，成為正式編制的博士官員。

叔孫通退朝後，趕忙跑回家，有些不明就裡的儒生就對叔孫通抱怨說：「你這個人怎麼那麼會巴結討好皇上啊？明明是有人造反，你卻說成是小毛賊，這也未免太離譜了吧？」

叔孫通說：「你們不知道啦！我要是不這麼說，就無法脫離虎口了。」回到家後，叔孫通立刻收拾行裝，連夜逃跑。連好不容易剛剛補實升任的正式博士職位，他也不想要了。

叔孫通回到老家山東的薛城後，便趕緊投靠項梁（第三個主子），而成了項梁起義軍中的一員。儒生敢參與造反的並不多見，更何況叔孫通是個純儒，可見他的眼光多麼與眾不同，膽識也相當過人。

不久項梁戰敗而死，項梁一死，楚懷王來了。楚懷王一來，就把項梁軍隊的權力及項羽的軍權奪走。叔孫通一看現在是楚懷王說了算數，他又迅速離開項羽軍團，投奔到楚懷王。到了楚懷王掌權以後，他就跟在楚懷王身邊（第四個主子）。後來項羽殺了宋義，發動了鉅鹿之戰，滅了秦軍主力後，進入到關中。

當項羽成了西楚霸王時，叔孫通又馬上跳槽到項羽陣營（第五個主子）。後來，劉邦殺出關中，率領五十六萬聯軍攻打彭城，占領項羽西楚王國的國都。

叔孫通一看到劉邦後，覺得劉邦才是能真正成氣候的領導人，於是他又從項羽投奔劉邦。但奇特的是，叔孫通自從投靠劉邦後，再也沒二心，從此始終跟隨著劉邦（第六個主子）。足見叔孫通未必完全只是個亂世投機客，應該說他有獨到的識人眼光，所以他才能看出當時的大環境，唯有劉邦能逐鹿中原，問鼎大位。

叔孫通看準時機為劉邦制定朝儀

　　叔孫通領著他一百多位弟子，及山東徵召來的三十位儒生，共同制定出簡易可行的大漢朝儀，從此群臣朝見皇帝，有了法定儀式，朝廷百官井然有序。在《史記・叔孫通列傳》中記載：

　　漢高祖五年，劉邦已統一天下，諸侯們都在山東定陶縣擁立劉邦為皇帝。起初，劉邦覺得秦朝那套繁瑣的禮法實在沒必要，就全給廢了。劉邦認為，只要改為簡便易行的禮儀就行。但劉邦萬萬沒料到，一個國家沒有禮儀法制，實在行不通。

　　這群和劉邦一起打天下的功臣們，大多是出身下階層的粗人，與劉邦相處像哥兒們沒大沒小，若是沒有禮法來約制他們，一喝了酒後都會鬧事。果然，有一次在劉邦當了皇帝的慶賀宴會上，功臣們大口喝酒之後，便大肆爭功。有的喝醉了大呼小叫，甚至亮劍，往朝廷的柱子上亂砍一番。群臣亂成一團的局面，讓劉邦看在眼裡十分惱火，但他又有什麼辦法？

　　善於察言觀色的叔孫通，覺得機會來了。他看見朝堂上出現這些亂象，劉邦又厭煩得難以忍受，叔孫通就去找劉邦，說：「若要爭奪天

下，儒生絕對是不管用；但想要守住天下，那還必須得倚賴儒生幫助。請求陛下讓我去山東，將魯地精通古代朝儀的儒生全都招來，和我的學生們一同研究制定朝會的禮儀。」

劉邦於是對叔孫通說，你要制定朝儀可以，會不會訂得太繁瑣，令人難以忍受呢？必須有個先決條件，你所制定的這一套新禮儀一定要讓我明白易懂，這樣才行得通。

叔孫通遵照劉邦的指示，便到山東徵召懂得古禮法的儒生。

叔孫通奉命到山東後，果然帶了三十個儒生回到長安。這三十個儒生，加上叔孫通哪一百多個學生，日日夜夜研究了幾個月，終於訂出最為合適又讓劉邦能明白，還能大大彰顯皇帝尊貴威嚴的莊重朝儀。

朝儀制定出來後，他們便先在城外反覆預演。到了漢七年，長樂宮改建竣工，叔孫通制定的儀式也操練成熟，可以讓群臣正式操作。於是，等到群臣上朝的這一天，完全按照叔孫通的做法，讓文武百官遵照禮儀而入宮朝拜。

等天一亮，司儀（就是謁者，負責傳達皇帝命令的官員）領著文武百官，一同進到大殿。哪一天，在大殿前面擺的全是戰車，還有步兵和騎兵。皇宮臺階的兩邊都站著手持兵器的郎官。整個臺階布滿成千上百的衛士。然後將文武官員分成了兩列，武官在西邊，文官在東邊。叔孫通讓九個禮儀官，分成九批，把全部文武百官都依序引領進來。大家都站好定位，皇帝的車駕才緩慢進來。等皇帝的車駕進來的時候，前面有人清道，口中喊著「肅靜」。之後皇帝才緩緩登上朝堂，禮儀官再領著文武百官，按照次序，從諸侯王一直到年薪六百石的最低官員，一個個

都要向皇帝拜賀。

拜賀完後，接著就是敬酒禮儀。敬酒程序必須完全按照叔孫通制定的哪一套，一遍一遍地走，一直到最後散場，整個朝拜大典過程，偌大的現場鴉雀無聲。因為只要哪個人膽敢違反規則，便會立即被御史、衛士拉出去懲處。

這一套朝儀演練完畢，劉邦實在滿意極了。於是劉邦就說了一句千古流傳的名言，他說：「我直到今天才知道，原來當皇帝是多麼的尊貴啊！」劉邦這麼高興，對於負責制定朝儀的叔孫通，當然大大獎賞。於是，劉邦便將叔孫通升級為太常之官，並且賞賜黃金五百斤。太常是高居九卿之一的禮官，專門負責制定和管理朝廷及宗廟裡的一切禮儀，真是人盡其才，適才適所。

叔孫通順勢向劉邦舉薦自己的學生

叔孫通正式調升九卿的禮官後，第一個想到的，便是始終跟隨他的一百多位學生。這一天，學生們果然全都當上郎官。這段史料，記載在《史記・叔孫通列傳》：

叔孫通歸降劉邦的時候，還帶了一百多個學生。這些學生跟著叔孫通輾轉投靠著不同主人，但從來沒有一個學生能得到重用。楚、漢戰爭打了四年，叔孫通向劉邦推薦無數人才，就是沒有推薦自己的學生。因此，學生個個非常不高興，常在背後偷罵叔孫通，說他竟然連一個學生都不肯照顧。

後來這些怨言輾轉傳到叔孫通耳裡，叔孫通就把學生們全都叫過

來，跟學生說：「你們可知道，我為什麼不推薦你們嗎？你們自己想看看，現在漢王劉邦忙什麼呢？他忙的是打仗啊！你們自己說說看，文人能上戰場嗎？這個非常時候，我不推薦一些地痞流氓壯士，要推薦誰去打仗呢！只有他們才能上戰場啊！你們儘管放心好了，我絕不會忘掉你們。只要機會一到，一定會舉薦你們。」

漢高祖七年，叔孫通讓文武百官走完他所制定的朝儀後，果然讓劉邦感到非常滿意。劉邦在欣喜之餘，除了賞給叔孫通高官外，還再賞賜叔孫通五百金。叔孫通見劉邦如此龍心大悅，便抓住這個難得機會，向劉邦說，我的身邊還有一百多個學生，他們都跟了我好多年。制定這套朝儀時，他們也全都參加，為此付出了相當多的努力。誠摯的希望陛下能賞給他們都有官做。劉邦當時實在是太高興了，便非常直爽地說，那就這樣吧，無論你有多少個弟子，一律提拔成為郎官。

就在這一天，叔孫通的學生們全都跟著老師一起雞犬升天。不僅叔孫通爬到九卿部長級的高位，他的學生們也全被劉邦任命為尊位的郎官。叔孫通不僅讓他的學生有官可做，還更大度的將皇帝賞賜的五百金，自己一文不留的全部都分給學生。此時，叔孫通的學生們終於領悟到叔孫通真的用心良苦，人人都高興得大聲歡呼起來，並且大力讚美說：「叔孫通真是最懂得當世要務的聖人。」

叔孫通又被任命為太子太傅

到了漢高祖九年，劉邦任命叔孫通擔任太子太傅。朝中的一切禮儀制度，全由叔孫通負責。可以說，大漢王朝的一切禮法，基本上都在叔孫通手上完成。

劉邦死後，太子劉盈即位，是為漢惠帝，住在未央宮。漢惠帝經常得去長樂宮朝見母親呂后，並且每去一次，就必須清道戒嚴。漢惠帝覺得這樣很不方便又擾民，於是就在未央宮與長樂宮之間，修建一條空中通道，這條高架道一直修到國家兵械庫的南邊。

有一天，叔孫通向漢惠帝上奏事情時，利用機會個別私下對漢惠帝解說：「陛下怎麼要造一條空橋，在高皇帝寢與高廟之間的必經之路，而騰空越過呢？這樣一來，每月初一從高帝園陵中的寢廟，取出高祖曾經穿過的衣冠，抬游到長安城內的高廟祭奠，豈不就得在空橋底下經過了嗎？高廟是漢朝開國祖先靈魂安住的地方，怎麼能讓後世的子孫在高寢與宗廟之間的通道上走來走去呢？」

漢惠帝聽了大吃一驚，覺得茲事體大，趕忙說道：「那就趕緊把空中通道全給拆掉吧！」

叔孫通回答漢惠帝：「君主是絕不會犯錯的。現在通道既然已經建好了，老百姓也已經知道了，如果再拆掉它，那不就等於是向臣民們表明我們的國君做錯了事嗎？因此，不如請陛下在渭河北邊，再修建一座宗廟，以後每個月，從高寢取出衣冠時，就送到那座新廟裡去祭奠，如此就不必在空中通道下通過了。況且後世子孫還多給祖先擴建宗廟，這也是兒孫孝順的具體表現啊！」於是漢惠帝立即下令，在渭河北邊重新修蓋一座宗廟。

漢惠帝曾經在春天到離宮去遊玩，叔孫通向漢惠帝建議：「古代曾經有向宗廟進獻果品，請祖先在春天品嚐鮮果的習俗。現在櫻桃已經成熟，陛下這次春日出遊時，希望能採些新鮮櫻桃回來祭獻宗廟。」自此以後，漢朝便奠定了用鮮果祭祀宗廟的禮制。

四　結語

　　叔孫通雖然曾經六度更易其主，在一般人眼中，他投機取巧。但問題是，叔孫通若只會賣弄聰明的投機客，他率領一百多位學生去投靠劉邦時，為什麼不選在劉邦彭城大敗最衰的時刻離開？由這一點我們就應當明白，叔孫通是個精通儒學的大師，因為生在亂世裡，為了要謀求發展，只好一而再、再而三的找尋英明君主。但可悲的是，從秦帝國開始，叔孫通就沒有得到重用，沒多久秦始皇就死了，而即位的是個精神不正常，又極為暴戾無常的秦二世。叔孫通不得已，只好領著一百多位學生，輾轉投靠明君。

　　叔孫通投靠劉邦後，認定從此不再離開，只要時機一到，叔孫通師生的真才實學就有機會好好發揮。果然到了漢高祖五年，劉邦被朝堂上功臣的亂象煩透了。叔孫通於是抓住這大好機會，向劉邦建言，請給他機會以制定大漢朝儀。制定完後，在野地實際操練，最後搬到朝堂上運作，讓劉邦終於體會到當國君的尊榮和樂趣。

　　由叔孫通的為官經歷，及他所制定的儀禮，都可以看出叔孫通的確是一位盡心盡力辦事的好官員。

　　此外，叔孫通也相當懂得權衡時機，知道在適當時機，可以做什麼對的事。最後，他的一百多位學生，都因為叔孫通制定朝儀有功，而全都擔任郎官，還分享劉邦五百賞金。如此豁達大度，又能成全他人之美的行為，確實符合呂本中所強調：「不以集事為急，而以方便為上」的美德。

　　叔孫通置入行銷儒學，他入山東招聘儒生不至於「一葉蔽日，不見

泰山」；為劉邦制訂朝儀，做事「慮善以動，動惟厥時」，考慮妥善而後才行動，行動前做好完整的配套措施，又不斷演練純熟，付諸實施時，又選擇適當的時機推動，值得後人學習。

叔孫通一舉成功，有備而來，他的學生為之喜悅而動容說：「叔孫生誠聖人也，知當世之要務。」叔孫通可說已深得孔夫子「聖之時者」的真諦，絕非一般迂腐讀書人簡約地批評他「阿諛」二字的酸言酸語所能抹煞其不世之功。

叔孫通懂得看準對的人，在對的時機，做對的事，俟機而動，才能讓劉邦願意配合他所制訂朝廷禮儀。叔孫通一舉導正了群臣目中無人、肆意爭功，醉酒後大呼小叫的囂張、拔劍擊柱的亂象。

他為官成功的關鍵，在於順應時局，掌握領導人的中心思想，進而引進可以為國家建設的儒家人才，建立起朝廷的新倫理制度。他以「盡心為急」，又以「方便為上」的積極態度辦事，成為西漢讀書人的從政典範。

先以暴怒為戒，任何事最怕冷靜和耐心不夠

一　前言

《官箴》提醒公務員要懂得明哲保身，「先以暴怒為戒，凡事只怕待」，才可以遠離是非。

生於宋神宗七年（1084）的呂本中，是北宋哲宗期間知名宰相呂公著的曾孫。呂氏家族為官的特色，以清廉、有風骨、勇於任事、進退有節著稱。呂本中特別提及「當官者，先以暴怒為戒，……凡事只怕待」的警語。但問題是，「暴怒」與「凡事只怕待」兩者間究竟有何必然關聯？《史記》有哪一位知名人物可作為學習的榜樣？

二　文本內容釋義

> 當官者，先以暴怒為戒。事有不可，當詳處之，必無不中。若先暴怒，只能自害，豈能害人？前輩嘗言：「凡事只怕待。」待者，詳處之謂也。蓋詳處之，則思慮自出，人不能中傷也。（《官箴》第十五則）

當官者最該引以為戒的地方，就是千萬不可動輒生氣暴怒。凡遇到不合自己心意的事，應該謹慎小心處理。若是遭遇有人存心挑戰或故意挑釁，自己動不動就先暴怒起來，只怕害了自己，豈能傷到別人？前輩

曾說過：「任何事情最怕的就是，冷靜和耐心不夠。」能夠虛心而且有耐心地等待，才能理智面對問題，進而處理問題。若能冷靜又仔細面對、處理問題，自然而然就能理出解決問題的頭緒。我們頭腦冷靜，理性解決問題，別人又豈能中傷你呢！

喜、怒、哀、樂都是我們與生俱來的情緒，但情緒管理若沒有經過一番學習，很容易跟著感覺走，而隨意發作。「暴怒」是其中最為可怕的情緒爆發，容易暴怒的人，只不過說明自己根本無力管好自己的情緒；此外，暴怒行為，也是在宣告別人，此刻自己已陷入無能為力又多麼無助的情境。「戒」不僅要我們引以為戒，更嚴肅的說，「戒」是提醒我們都要戒掉不良的習性。

任何宗教都訂有規約、戒律，戒律是毫無商量餘地的規範。呂本中用「戒」這個字來警示「暴怒」，便是要呼籲官員，無論如何都不應該暴怒。因此，最中肯的辦法，就是先讓自己的心情穩住，唯有沉著和冷靜，才能以理性面對，發現突破困境的希望，迎接未來的曙光。

「凡事只怕待」針砭哪些個性容易暴怒的人，究其根源，其實就是缺乏冷靜和耐心。很多人遇到不如意事，動不動就生氣，甚至氣憤、動怒、拍桌罵人，只想立刻把問題丟開。他們卻殊不知遇到困境，只要誠心面對，即便是「黑天鵝」驟然降臨，也是最好的轉機。

唯有能利用困境磨練自己，才是個有智慧的人。想要培養智慧，就要學習在困境中，冷靜又虛心的等待。等待並不是無謂的空等，而是要認真學習和尋找解決問題的方法和途徑。只要肯下審問、慎思、明辨的功夫，就一定能找到解決問題的方案，智慧就會有如活水般的湧現。若能如此，再濃郁的煙雨迷霧，都會被吹散；再大的困難也能迎刃而解。

縱使別人想傷害我們，也是難以得逞。因為，只要能冷靜看到問題的關鍵，就如同找到開啟大門的一把鑰匙，再也沒有解決不了的困境。

三　能控制情緒以暴怒為戒的呂雉

秦漢之際，沛縣出身的劉邦率先搶入關中，接受秦王子嬰投降後，便自以為是可以依照楚懷王之約，舒心當上關中王。於是，沒有太多他慮，毫無懸念地聽從屬下的建言，在函谷關設下重兵防守，以阻擋項羽大軍入關。但劉邦這個春秋大夢，在遇到所向披靡的戰神項羽，以及殺人如麻的戰將黥布合力闖入關中後，美夢就瞬間崩塌破滅。

形勢比人強，項羽強力主導分封十八路諸侯王，其中關中精華地區被一分為三而三分關中，立了秦朝三位降將：章邯為雍王，都廢丘。司馬欣為塞王，都櫟陽。董翳為翟王，都高奴。

劉邦不但當不上關中王，還被項羽貶封在最偏遠的巴、蜀、漢中地區，當個陽春漢王。到了漢中地以後，劉邦被身邊的功臣集團給點醒，如果還想要有活路，就得在有朝一日殺出漢中，再與項羽拚個高下，才有可能當上皇帝。於是在漢二年，劉邦就賜封嫡長子劉盈為太子。接著，在韓信的戰略部署下殺出漢中，奪回了關中要地，接著聯合各地諸侯軍，迫使項羽自刎烏江，一統天下。

等到劉邦登上帝位後，他對所立的太子劉盈開始感到不滿。其原因就出在，劉邦所寵愛的戚夫人為他生下皇子劉如意。戚夫人幾乎日日夜夜陪侍在劉邦身旁，可說是三千寵愛集於一身，後宮嬪妃全都被比下去。而戚夫人所生的趙王劉如意則經常被劉邦抱在懷裡，足見劉邦有多

麼疼愛這個兒子。劉邦還說：「終不使不肖子居愛子之上。」意思是說，不能讓哪個不像我劉邦的嫡長子劉盈占著太子的位置，反居在我最疼愛的劉如意之上。

劉邦想換掉太子劉盈，將趙王劉如意改封為太子。對劉邦而言，這只是選個更合適的接班人接掌他所創立的天下。但是對呂后來說，卻是將他們母子倆由未來的太后和皇帝寶座上奪下來。他們母子一旦失去這天下最尊貴的寶座，往後的命運將不堪設想。如今劉邦竟敢生出這個念頭，怎能不讓呂后心慌意亂？她對劉邦、戚夫人的憎惡之心，暴怒之情，肯定油然生起。但了不起的是，呂后縱然再憤怒，也知道應當先顧全大局。她不是以暴怒解決問題，也沒有以正宮之姿衝向劉邦大吵大鬧，她反而異常冷靜、更沉穩地靜觀其變，好讓她能找到解決困境的方案。

慶幸的是，劉邦要廢掉劉盈，換上劉如意，並沒有預期中順利。劉邦這個動作雖是他們的家務事，但卻也是攸關天下動盪安危的國家大事。從劉邦提出廢立太子問題一起，便出現幾度困境。

太子太傅叔孫通，揚言要以死反抗到底

劉邦剛在朝堂上提出要廢立太子的大事，一時之間並沒有得到大臣們的支持。其中直言反對最力的，就是太子的老師叔孫通。叔孫通先是舉了春秋時期的晉獻公為例，說明晉獻公破壞了國家體制，而釀成重大災難的前車之鑑。因為晉獻公廢掉太子申生，改另立愛妾驪姬所生的兒子奚齊，才導致了晉國禍亂十多年。其次，秦始皇因為沒有先立太子扶蘇，才導致趙高勾結李斯，聯合詐立了胡亥的機會，再假傳詔令威逼扶蘇自殺，讓荒淫無道的胡亥登上皇位，最後促使秦朝急速走向滅亡。叔

　　　　　　　　　　　　　　　　官箴與史記的對望

孫通提醒劉邦，「其中後者，您還是親身經歷過的往事，怎能不可引以為鑒為戒呢！何況，呂后與陛下還是患難夫妻，太子為人又十分仁孝，怎麼能夠輕易說換就替換呢？」之後，叔孫通還放狠話，他說了嚴屬的話：「若一定要廢掉嫡長子劉盈而另立小的劉如意，他首先拔劍自殺抹脖子，把脖子的鮮血灑到地上。」

叔孫通以死為諫，茲事體大。劉邦聽了覺得事態嚴重，趕緊上前阻止，說：「我不過是開個玩笑罷了，你何必當真呢？」劉邦確實被叔孫通的話語給驚嚇到了。

叔孫通為了避免劉邦再次提出換太子，便極度嚴肅地說：「太子是天下、國家的根本，根本一動搖，整個國家都會跟著動盪不安，皇上怎能拿著國家的安危和天下的根本來開玩笑呢？」

呂后跪謝周昌抗爭到底，功臣集團更支持劉盈的合法地位

儘管叔孫通強烈的以死為諫，但劉邦還是沒有死心，仍沒放棄廢立太子。畢竟劉盈個性優柔寡斷，沒有劉邦的雄心壯志與魄力，更沒有劉邦超乎常人的聰明靈巧，又缺乏足以讓能人志士皆可臣服於他的領袖魅力。劉邦說劉如意像他，所指的應當就是這個意思。劉邦好不容易奪得天下，當然是希望能有個足夠撐起天下的兒子來接棒。劉盈怎麼看都不是接班人的料，但懷裡常抱著的劉如意卻渾身上下都是他的影子。劉邦畢竟年事已高，看著偌大的江山，怎能不心懷憂戚呢？如今他最懼怕的是，子孫究竟能不能守得住這大好江山的天下大業？眼前柔弱的太子劉盈光是面對那批如虎如狼的功臣都應付不來，哪還有餘力治理天下？愈想到此，他易位太子的決心愈是堅定。因此在朝廷上，劉邦再度提出要

廢立太子的一貫主張。但這一次，卻被忠厚無比的周昌予以強烈反對。據《史記·張丞相列傳》記載：

劉邦想要廢立太子，大臣們都極力勸阻，不願這違背體制的事情發生。在群臣中有一位口吃十分嚴重的周昌，特別地據理力爭。劉邦便問周昌為什麼要阻撓？周昌回答劉邦說：「我說不出是為什麼，但心裡明白，反正就是不能這樣做。如果陛下一定要廢黜太子，我是期期……不能奉詔。」「期期」是周昌口吃更嚴重的時候，說了老半天卻還說不清楚的特有現象。

本來這事情是相當嚴肅的，但因為周昌嚴重的口吃，反而把劉邦逗得開懷大笑，便沒堅持要廢太子。朝堂上嚴峻的討論，竟被周昌來得正是時候的嚴重口吃給化解了。呂后一直都在東廂房偷聽朝堂君臣的議事內容，深知廢立太子這事不過是暫時被擱下，之後劉邦還是會再度提起的。但這一次，還是多虧了周昌，若非他適時又口吃發作的全力阻撓，劉邦怎麼會就此善罷干休呢？因此，等待群臣一下朝，呂后便立即奔去跪謝周昌。還對周昌說道：「若是沒有您的支持，太子差不多就要被廢了。」

身為大漢國母的呂后，不但沒有被憤怒的情緒淹沒理智，還能沉著冷靜，靜觀事情演變。她對極力阻撓太子易位的功臣周昌，施以跪謝大禮。別說是周昌，本來就反對太子易位的其他功臣，肯定都會因著呂后的這項重情重義的舉動，而更加反對劉邦到底。

呂后個性儘管剛毅強悍、凶狠，但在最關鍵的時候，居然按下剛毅直白的個性，卻展現了比誰都更溫柔的可憐小女子形象。此刻的她，是以一受害者的母親，為了保護柔弱又仁孝的兒子應有的法定地位，竟拋

下最尊貴的皇后之尊。任憑是誰得知了，還能不被她的誠意而感動？之後，群臣都站在呂后這邊，更是極力反對廢立到底，除了是為了堅守嫡長子繼承制度外，呂后跪謝周昌感人一幕，必定也會起了非常大的積極影響和作用。

求助張良，徹底斷絕了劉邦替換太子的念頭

呂后心裡比誰都還明白，光靠老臣的支持，還是扭轉不了劉邦換太子的堅定念頭。但劉邦之所以想替換太子，是認定劉盈根本沒有本事撐起天下。呂后儘管不斷地壓抑心中的愁苦和怨恨，但她深知此時絕不能失志和放棄，無論如何，她都要想出保住劉盈太子寶座的辦法。果然皇天不負苦心人，有人在呂后最無助時，獻上一計。這個計謀其實非常簡單──劉邦最相信誰的話，就找他幫忙獻策。整個朝堂上除了第一謀臣張良外，還會有第二人選？不找張良，又能找誰？果然呂后立即找到退隱的張良為她設法解決此事，張良也確實為呂后出謀劃策，讓劉邦改變心意。這段精彩的史料，主要記載在《史記‧留侯世家》：

劉邦想要廢掉太子劉盈，改立戚夫人生的兒子趙王劉如意。雖然有很多大臣不斷地進諫勸阻，但都沒能改變劉邦換太子的念頭。呂后非常驚恐，已不知道該怎麼辦。後來有人對呂后說：「留侯張良善於出謀劃策，皇上最是信任張良，您何不找張良出來幫忙呢？」呂后覺得此計可行，就派建成侯呂澤去脅迫留侯張良說：「您一直是皇上最重要的謀臣，現在皇上打算要更換太子，您怎麼能高枕無憂的睡大覺呢？」留侯回答：「當初皇上多次處在危急之中，才採用了我的計謀。如今天下早已安定，皇上是因為偏愛戚夫人的原因，才會想更換太子。這些至親骨

肉間的家務事，即使有同我一樣能出謀劃策的謀臣上百人去進諫，也是起不了作用的。」

　　儘管張良說得非常有理，但這件事實在是太事關重大了，無論如何，呂澤都只能奉呂后之命，非得讓張良想出個辦法不可。呂澤只好更加重力道去威脅張良，說：「無論如何，您一定得給我們出個主意才行。」張良實在被逼得沒辦法，他知道他不幫是不行。呂后肯定是試過太多的辦法，大臣們也在朝堂上與劉邦不斷地對抗，但劉邦替換太子的意志，又是那麼的堅定。劉盈的太子名分早已確定，更何況嫡長子繼承制才真正合乎禮法，但劉邦除了是特別偏愛戚夫人，口口聲聲都說劉如意最像他，可見劉如意是個聰明又多麼靈巧的孩子。這孩子雖還只能抱在懷裡，但天生的聰明伶俐，卻是仁孝又柔弱的劉盈無法達到的條件。這是與生俱來的優越資質，不是後天培育就能創造出來的。相信無論是誰，在思考接班人時，都肯定會希望能把江山傳給一位最能獨當一面的子孫。劉邦的心思，又有何不可呢？身為最了解劉邦的第一謀臣張良，又豈會不明白這個深層道理？又豈能不支持劉邦的決定呢？

　　張良在情感上儘管再支持呂后；但在理性上，又豈能不認可劉邦的決定？只是太子易位雖是國家大事，但又何嘗不是劉邦自個兒的家務事呢？清官如何能斷家務事？此刻的張良，無論情感上或理智上，其實都是非常為難。但如今他已被呂澤給挾持，呂后又是個翻臉不認人的狠角色，在此重要關頭，張良縱然再想支持劉邦，也不能不替自己設想。

　　實在是萬般無奈，張良只好為呂后獻策。張良強調：這件事其實是很難用口舌來爭辯的。但皇上心頭上一直有個結，若能幫皇上解決這個心結，或許就有轉寰餘地。原來自劉邦登上皇帝寶座後，一直苦於無法

　官箴與史記的對望

招致而來的還有四個人。這四人都已經非常年老，他們都一致認為皇上對人太過傲慢，所以都情願躲藏在深山老林裡，無論如何，就是不肯出來做漢朝臣子。這四老都是高潔之士，皇上對他們非常的敬重，一心期盼著要得到這四位大老的認可，但始終無法實現這個渴慕已久的心願。現在呂后若能不惜貴重財寶，並讓太子寫上一封書信，言辭要極盡的謙恭有禮，並預備好舒適的車馬（四大老實在很難忍受長時間的車馬顛簸，若沒有極舒適的車馬，四老縱想幫太子，大概也不會肯前來長安），再派遣一位口才特別好的人，前去懇切殷勤地聘請，相信這四位大老應當會答應前來的。等他們來了以後，把他們當作貴賓，好生特別款待，並讓他們四人時常跟著太子入朝，好叫皇上能見到。等皇上見到太子身後怎麼老是跟著四位花白的老人，皇上一定會感到相當驚異，並一定會開口詢問，他們四個老人究竟是誰呢？皇上問了以後，只要知道原來這四位老人，就是那四位他極度渴望招來的四位賢能高潔之士，對太子便肯定會特別的刮目相看，如此對太子應當有極大的加分幫助。

漢朝第一謀臣出手，果然非同常人，一出主意，就完全點中了劉邦的深層心意。要說君臣相知相遇，除了劉邦和張良外，大概也很難再找出比他們倆更契合的君臣。張良完全說到了關鍵處，劉邦不僅是要讓資質最是像他的劉如意接掌皇位；也希望有位能深得人心的子孫，使得天下萬眾都能歸心。商山四皓不肯歸心，就說明劉如意光有資質，還是不足以安定天下。這是劉如意的劣勢，但卻是劉盈最能加分的關鍵優勢。

呂后聽懂張良的分析後，趕緊讓呂澤派人攜帶太子的書信，用最謙恭的言辭、極豐厚的禮品，去迎請這四位老人。果然這四老被感動了，全都願意出山來到太子身邊。呂澤將「商山四皓」接來長安後，就安排住在建成侯的府第中做客。

然而這四老究竟有沒有達成呂后的心願呢？答案當然是肯定的。「商山四皓」在建成侯家住上一段時間後，終於遇到了一次朝宴，而徹底改變了劉邦始終堅持替換太子的念頭。據《史記・留侯世家》記載：

　　漢十二年，劉邦御駕親征，前去討伐叛變的淮南王黥布。之後劉邦隨著軍隊回來，但他的傷勢也更加沉重（之前劉邦曾被項羽射中一箭，箭傷並沒有得到良好的治療，劉邦卻又在這次回程的路上，停留在沛縣故里中，與鄉親們大肆地痛飲許多酒，傷口便更加撕裂惡化）。此時的劉邦，已經愈來愈感到自己來日不多，便愈來愈想要盡快更換掉太子。即使是張良來勸諫，劉邦也不想聽了，留侯張良只好藉故託病而不再理事。叔孫通這位太子太傅也徵引許多古今事例，以勸說劉邦，甚至還不惜以死諫，來為劉盈設法保住太子之位。劉邦雖假裝答應了叔孫通，但心裡還是執意想更換太子。

　　如今已經平定黥布叛變，劉邦便在安閒的時候，舉行一場朝宴，設置了酒席，讓太子在一旁侍候著。但奇怪的是，太子無論走到哪兒，那四位白髮老翁一定都會緊跟在太子身旁。這四位老翁年齡都已八十多歲，鬚眉潔白，衣冠也非常壯美奇特。

　　劉邦看到這個景象感到特別奇怪，他先是感到一愣，畢竟這景象也太奇怪，趕緊派人上前去打聽，問這四老的大名。此時「商山四皓」便借機來到劉邦前面，先給劉邦行個禮，然後各自報上他們姓名，分別是「東園公、夏黃公、綺里季、用里先生」。這四個名字一報，讓劉邦大驚失色，於是馬上開口就問，我想請你們四位老先生，不知請了多少年，你們就是不肯來，為什麼現在會跟隨著我的兒子劉盈呢？

　　「商山四皓」很從容回答，過去實在難以忍受陛下看不起讀書人，

官箴與史記的對望

張口就罵人。他們絕不肯遭受如此羞辱，所以才特意躲起來。現在太子是個仁義之人，愛惜天下的才士，天下之人都恨不得要為太子效力，所以我們四人才會出來輔佐太子。劉邦聽完以後，百感交集，就說，既然你們幾位都來了，那就請你們四人好好的輔佐我兒子吧。「商山四皓」敬完酒、行完禮後，就逕自離席。四老才剛離去，劉邦就指給戚夫人看，說：這四位老人就是我多年想請卻始終請不來的「商山四皓」，他們都是天下聞名的義潔高士，如今都願意出來輔佐太子，說明太子的羽翼已經豐滿了，現在看來，太子是根本難以撼動了。呂后她還真是個厲害人物啊！

戚夫人一聽就知道大勢已去，當場失聲痛哭。此時的劉邦，也是極度百感交集，知道戚夫人擅長跳楚舞，於是對她說，妳起來吧，我為妳唱一首楚歌，妳給我伴舞。劉邦便即興的唱了一首〈鴻鵠歌〉，這是劉邦傳到今日的第二首詩（另一首是〈大風歌〉：「大風起兮雲風揚，威加海內兮歸故鄉，安得猛士兮守四方。」）〈鴻鵠歌〉的內容是：「鴻鵠高飛，一舉千里，羽翮已就，橫絕四海，橫絕四海，當可奈何，雖有矰繳，尚安所施」。其中的鴻鵠就是大雁。大雁一飛，就能飛到千里之遠。大雁的羽毛都已經豐滿了，能夠橫渡四海，我現在還能做些什麼？我們即使有弓箭，對於高飛千里的鴻鵠，又還能起什麼作用？

經過了這事以後，劉邦便絕口不再提廢立太子的事。由此可以證明這場朝宴上，徹底斷了劉邦廢立太子的念頭。但這也是呂后鍥而不捨的意志，才迫使張良獻上了這最關鍵性的策略，以促使劉邦能完全放棄替換太子的癡心妄想。

四　結語

其實人之所以會心生暴怒，多半都是因為自己遭遇極其痛苦，或是極不順心的難事。這些事情一直都是很難解決，而且常常力不從心；縱使想力挽狂瀾，也總是始終找不到突破點。說白了，此時的自己，就是叫天不應，叫地不靈。既然叫天、叫地都改不了現況，當然就會大發雷霆。但呂本中卻告訴我們，為官者不僅要戒掉「暴怒」，還要靜心，且耐心的等待良機的修養。

劉邦要替換太子劉盈，但問題是，漢二年時，劉邦就已經立劉盈為太子，名分已定，豈能輕易就更替？且劉盈一旦被替換，就等於呂后的后位完全不保，等劉邦一去世，她母子的命運將會如何，呂后又豈能預料？想到此，她能不滿心憤恨嗎？

但冷靜又理智的呂后戰勝憤怒情緒，不但沒有如同匹夫匹婦般的暴跳如雷，竟還異常的冷靜。她先是靜觀大臣們的反應，注意朝堂上大臣究竟是如何看待這事。起先太子太傅叔孫死諫，以逼迫劉邦不敢輕易下詔。之後，口吃十分嚴重的周昌，更極力講了半天，都還講不清楚的口吃，極力反對太子易位，卻反而惹得劉邦開懷大笑，而將易太子的念頭暫且擱置在一旁。但周昌才剛剛下朝，呂后便快速地前去跪謝周昌，這個驚人之舉，不僅感動了周昌，也更加強化了功臣集團對呂后和劉盈的全力支持。凶狠絕情的呂后，竟能在最必要的時刻，能伸能屈的跪謝周昌，便是既能忍一時之暴怒，又能持守「有待」的極佳代表。

問題是，儘管大臣多一面倒向劉盈，但劉邦考量的是他大好江山的延續問題。劉邦此刻只能以理智勝過情感，堅定非要替換太子不可。呂

官箴與史記的對望

后早已無計可施，卻有人提醒了呂后找第一謀士張良求助。果然張良還是最了解劉邦的心思，他讓呂后以重幣厚禮，謙卑去延請劉邦最渴望招降的「商山四皓」。這四位老先生同意臣服於太子劉盈，又願意好好輔佐太子。劉邦看見如此現象，終於好打消了易太子的念頭。

這場國家繼承人的爭奪戰，竟不是兩位小皇子在競爭，而是劉邦身邊的兩位女人的代理人戰爭。本來占盡上風，極度得到劉邦寵愛的戚夫人，已十拿九穩地快要當上太后。但沉著冷靜的呂后卻極有智慧又肯耐心地等待，「凡事只怕待」，能待才能思慮出問題的關鍵點及解決問題的方法。

呂后遇到困境，不僅未暴怒，不遷怒，也未一哭二鬧三上吊的無理取鬧，反而澄心靜慮，得道多助，力挽了常人難以扭轉的難局。由此可見，為官不僅要戒之「暴怒」，更重要的，還是得培養一顆冷靜沉著的耐心。在戒怒這一點上，呂后確實可以作為我們處事學習的好榜樣。

忍一時氣，風平浪靜

一　前言

　　西漢呂太后執政時期，曾遭匈奴首領單于的書信霸凌，被以男女間性愛、挑逗的言詞差辱。她乍看之下非常震怒，後來格於形勢不利，不得不強忍下來，而得以保住大漢江山的安定，這種修行完全印證了《官箴》強調為政者該有的修持：只要能「忍」，就沒有任何事情辦不成。

　　「忍」字心頭上壓著一把刀刃，何其難受，又何等痛苦。古今中外的長官、老師、長輩無不再三以此告誡我們，「忍」不是忍氣吞聲，而是一種謀略智慧，是一種重要美德。《官箴》特別強調「忍之一事，眾妙之門，當官處事，尤是先務」，呂本中是五代為官的名門世家，何以如此重視「忍」事？司馬遷《史記》載有韓信、張良、季布等英雄人物都是忍過來的英雄人物，即使太史公本人都是「忍」辱而熬過生命的幽谷，才能成就一番大事業。

　　縱觀呂太后一生，當時或後世對她的評價頗有爭議，爭議之處在於她殺了奪愛的情敵戚夫人，而且手段非常殘忍，這就是人彘事件。其實太史公對她在國家貢獻的總體評價是很高的：「高后女主稱制，政不出房戶，天下晏然。刑罰罕用，罪人是希。民務稼穡，衣食滋殖。」戰亂之後，全民渴望休養生息，發展經濟，讓人民過好日子。呂太后在男性功臣集團環伺之中，外有強大匈奴外患的威脅下，竟能穩定政局，大家

豐衣足食，不能不說，歸功於她能忍耐羞辱與克制憤怒。

二　文本內容釋義

> 忍之一事，眾妙之門。當官處事，尤是先務。若能清、慎、勤之
> 外，更行一忍，何事不辦？《書》曰：「必有忍，其乃有濟。」此
> 處事之本也。諺曰：「忍事敵災星。」少陵詩云：「忍過事堪喜。」
> 此者切於事理，為世大法，非空言也。王沂公曾言：「吃得三斗
> 釅酢，方做得宰相。」蓋言忍受得事。(《官箴》第三十則)

「忍」功是處理萬事萬物過程中境界最高，所有方法的根本大法，
最能產生效果的妙方。為官處事，「忍」是最重要的修養功夫。為官者
在堅守清、慎、勤三大公務核心價值外，若還能兼具「忍」的功夫，就
沒有任何事辦不成。

《尚書》說得好：「要能持守隱忍的功夫，才能讓每件事都可順利
辦成。」民間也流傳：「遇事能忍得住，便能抵擋住一切災害。」杜牧
有詩：「只要忍過了，任何事都會往好的方向發展。」這些話都是非常
切中要領，也都是處世的重要法則，絕非只是夸夸其談的空言。王沂公
曾說：「能吞得下三斗的濃醋，肯定能當得了宰相。」因為遇到困難
時，要先能沉穩忍住，才能夠堅定完成使命。

「忍」，並不是強迫自己隱忍，而是說在遭遇困境時，要讓自己的
心情先沉澱下來，一則是可以釐清問題的原因與關鍵所在，二則是能看
到事情未來發展的各種可能性。只要理智而不被憤怒情緒操控，在任何
困境中，就可以找到一條通往光明的希望大道。

因此，「忍」，不僅是理性戰勝情緒的明智表現；同時也是在逆境中，看到隧道的微光。任何成功者往往不是因為他們比別人幸運，相反地，他們的挫敗還可能比別人更多、更棘手。不同的是，失敗的人往往自暴自棄，一味地怨天尤人；成功者，則是在逆境中看見未來，尋找希望，找到解決問題的方法。

成功者不會浪費時間忙著去歸咎環境或遷怒他人，他反而會利用逆境，激發出自己無限的潛能。順境可以增上緣，逆境更可以逆轉勝，得以邁向成功，這才是「忍」功的精要，也是達到「眾妙之門」的寶貴途徑。能體會至此，也就距離「逆增上緣」不遠。

三　呂太后理性而隱忍，才能保全國家安全

大漢開國第一位皇后也是我國第一位皇太后的呂雉，在漢惠帝六年時，有一天突然收到匈奴冒頓單于的一封求愛信。這封信求歡示愛字眼非常露骨，不僅激怒了呂雉，也撼動著大漢的國威，更重重打臉大漢滿朝文武官員。這封求愛信的文字內容儘管十分簡短，但字字句句卻無不深切地隱含非常無禮的挑釁。《漢書·匈奴列傳》載有這封信的內容，此時劉邦已死，呂后成為寡婦，冒頓單于竟大言不慚，很露骨的寫著求歡之意：

冒頓單于提到：「我是個孤獨無依的君主，生在潮濕的沼澤野地，成長於平曠放牧牛馬的地方。我曾多次跑到貴國邊境，就是希望能到中原貴寶地遊玩。而陛下如今已是孤身一人，孤獨無依，又一人獨居。我們兩位君主都同樣的不快樂，又沒有什麼可供我們好娛樂的。希望我們能以各自擁有的，來交換各自所沒有的。」言外之意，彼此雙方都是單

身，孤苦伶仃，既然身心乾柴烈火，不如乾脆住在一起，就可以享受男歡女愛的魚水之樂。匈奴君主輕佻的求愛信，企圖已經非常露骨了。

非常露骨的求歡信令人憤怒

冒頓單于信中挑明他時時可以到大漢邊境逛大街，這是在對大漢邊境安全十分直白的威脅語句。這威脅並不同以往的短暫騷擾，過去匈奴只是想搶搶邊境牛羊物產便罷而已，這次明目張膽的目標是直接染指大漢中原。其次，冒頓單于還更囂張地說，要大漢的皇太后嫁給他，如此囂張無禮的行徑，不僅藐視大漢國威，更嚴重地羞辱著大漢的國母。

冒頓單于的羞辱字眼還十分卑劣，竟以飲食男女的男歡女愛，直指大漢國母呂雉的肉體身上，說呂后缺的是丈夫，而他缺的是妻子。既然如此，解決兩人身心枯寂困境的最好辦法，就是要大漢國母當他的妻子，冒頓單于做大漢國母的丈夫，如此豈不兩全其美。一來不僅可撫慰大漢國母的孤寂芳心，他冒頓單于也能因此而有個妻子做伴。更美好的是，他的步履還能直截了當地跨入中原大地，從此匈奴便可一舉統一天下，大漢王朝將得交由他冒頓單于來統領。

一個居於大漠荒煙而毫無文化的蠻夷之君，竟敢大言不慚地對大漢國母說出如此大不韙的卑劣話語，呂太后見了白紙黑字，當然會勃然震怒。於是呂太后召集群臣，共同商議因應對策。

當時參與商議的將相重臣，有陳平、樊噲和季布等人。呂太后想和大臣們研議的問題是，既要殺掉匈奴派來的使者洩憤，也要發兵反擊匈奴。此時身為呂太后妹夫的樊噲情緒最為激憤，按耐不住自己的情緒，

暴怒之餘，要呂太后給他十萬精兵，讓他直接領兵去橫掃匈奴。

樊噲看似極為重情重義，也比他人勇猛無比，但此種血氣方剛的勇武卻實非智者的大勇，只是隱忍不了一時的橫遭逆境，而大發狂言的匹夫式的子路之勇。

呂太后垂詢中郎將季布找答案

橫遭騷擾的呂太后，雖然忍無可忍，當下並沒有失去理性。她沒有立即回應忠心耿耿的樊噲，反倒是轉而詢問中郎將季布的意見。季布的回答卻非常驚人，他竟敢當眾訓斥，說：「可以殺了樊噲。」季布這話恐怕連呂太后聽了都會感到驚訝得不可思議，畢竟樊噲所發的建言是忠肝義膽的怒氣。況且樊噲還是呂太后的妹夫，季布豈是不知，又怎敢犯此大不韙，竟然提出要斬首樊噲？

其實，季布並不是真的執意要置樊噲於死地；他只不過是想要強調，此時跟匈奴翻臉對抗，根本是無稽之談。樊噲別說是領十萬大軍，就算是傾全國之力，也恐難成為匈奴的對手。理由非常簡單：

高祖六年，冒頓單于曾領著四十萬大軍，與進駐馬邑的韓王信交戰。韓王信打不過冒頓單于，只好向他求和。但這事被劉邦知道後，劉邦嚴厲地斥責韓王信，韓王信懼怕，索性就投降匈奴。韓王信降匈奴後，還幫著冒頓單于往南打，攻占了馬邑和晉陽。劉邦忍無可忍，便決定御駕親征，既可討伐叛徒韓王信，也可順道去攻打北方的匈奴。隔年，也就是高祖七年，劉邦果然統領了三十二萬大軍，往匈奴大舉進擊。

中郎將季布提醒呂太后前車之鑑

冒頓單于見劉邦率大軍前來，採取《孫子兵法》「能而示之不能，用而示之不用」的詭道策略，滿山遍野布滿老弱士卒和瘦弱的牛羊示弱。儘管劉敬曾勸劉邦說，要提醒此中必然有詐，因為兩軍相遇，都可能會極盡誇大其聲勢，展現其所長，以驚嚇敵方，打擊敵軍士氣。匈奴豈會將老弱殘兵及瘦弱的牲畜展現於敵前？如此現象，豈不太違反常態？

然而貪功冒進又急著想消滅匈奴的劉邦，根本聽不進劉敬的勸阻；仍執意要進軍，且還拋開他的大部隊，只領著少數精銳急行。孰料，劉邦的部隊抵達白登後，冒頓單于出其不意，命令四十萬騎兵全數衝出，團團圍住劉邦軍隊。劉邦與後面的大部隊已失去聯繫，糧草、飲水也都全遭斷絕。劉邦與軍隊被圍困於白登，竟長達七日之久。

所幸機靈的陳平，向單于閼氏贈送厚禮，並還語帶威脅地說：「漢王劉邦被圍，如今已無計可施，只能派人趕回國內將美女運來。現在漢家美女就在路上，哪些絕色美人一旦來到，劉邦獻給大單于，妳閼氏皇后的地位可就不保了。因此何不規勸大單于退兵，或許還能保住妳皇后的位置。」閼氏先是接受了漢朝的高貴禮物，又聽說漢王準備要獻上絕世美人來爭寵，女性好妒之心油然而生，心中自是十分懼怕，便趕緊向大單于吹枕頭風，說漢朝的國土全在南邊，我們是靠放牧的遊牧民族，縱然占領了漢朝的土地，也不可能長久留住，我們還是得回到草原上。漢朝的土地屬性又不是草原，占了他的地也沒有用。何況漢王也有他們的神明在保佑，這一點您不可不察啊！冒頓單于之前先是聽了閼氏這番話，之後又見本已約好一同裡應外合的韓王信及其部下一直遲遲未來會合，便懷疑其中可能有詐。在疑懼不安中，只好聽從閼氏的規勸，下令

四十萬大軍打開一個缺口，好讓劉邦軍隊離去。

　　季布要陳述的用意，便是過去漢高祖七年發生的傷心往事。劉邦曾統率三十二萬大軍而被匈奴困於白登達七天七夜之事。這場滿是屈辱的戰役，樊噲也不是沒參加戰鬥，換句話說，樊噲也同劉邦一齊被困於白登。當年，樊噲無論再怎麼英勇，豈不也無法衝破突圍，還不是陪同劉邦受困於白登？天下的百姓甚至為此事唱著歌謠：「平城之下實在太艱苦，七天沒食物可吃，士兵們連弓都拉不開。」如今這首歌謠還猶言在耳，從未斷絕啊！而樊噲卻不知人人厭惡戰爭，一心只想好好休養生息。此時樊噲竟口出狂言，說什麼要領兵十萬軍隊去教訓匈奴，這豈不是又要開啟戰端，以卵擊石，讓天下再次震動不安嗎？真正問題是，樊噲那有能力橫掃匈奴呢？這根本就是欺君的詐騙行為啊！

實力不如人，不可以起正面衝突

　　季布之所以主張要呂太后把樊噲給斬了，就是為了強調現在漢軍根本沒有和匈奴交戰的實力；況且，無論是國力或實力，此刻大漢都不宜與匈奴發動正面衝突。若現在讓樊噲率領大軍前往去抗擊匈奴，後果肯定會與劉邦當年白登之圍的下場一樣。當年連劉邦御駕親征都打不過匈奴，現在的大漢實力大不如前，又怎能跟冒頓單于正面交鋒呢？既然不能交戰，卻還只因一時憤怒，不惜把無辜子民陷落於生死危難，硬是要領著十萬精兵去對抗匈奴，這豈不是以卵擊石，將全國的命運寄託在徒有匹夫之勇的莽夫手中嗎？

　　季布慷慨激昂講完這番道理後，於是下結論：「這些少數民族就好比禽獸一樣，聽他們說話，若是好聽的，沒什麼好值得高興；就算是不

中聽的，也不值得生氣。」季布之意即是，此刻大漢國力實在太弱，根本不堪一擊，因此除了隱忍之外，實在沒有其他更好的辦法。此刻隱忍，並沒有什麼好丟臉的，等待大漢聲威壯大、國力強盛了，再出兵反擊匈奴也不遲。因此，現在最好的辦法，便是繼續維持漢高祖時期所訂立的「和親」政策。

呂太后雖是女流之輩，但她的政治才能卻比一般人更高明。愈在危難時刻，她總是比任何人更鎮定而沈著。原本呂太后被冒頓單于性騷擾而激怒的熊熊烈火，經過季布這番理性分析後，頓時冷靜下來。呂太后已不再堅持非要殺掉匈奴的使者不可，更不想發動戰爭打擊匈奴了。

先壓住個人憤怒，大局為重才能務實應對

既然不去攻打匈奴，那麼接下來呂太后該做出如何決策，有何打算？令人驚訝又值得欽佩的是，呂太后立即命大謁者張澤，寫了封信回復冒頓單于，《漢書・匈奴列傳》記載呂太后寫道：

單于沒有忘掉我們這個破敗的國家，還以書信賞賜我們，我們收到信後，實在很驚恐啊！退朝之後，我再三仔細思量，察覺自己的身軀實在早已年老氣衰，頭髮斑白了，牙齒都已經脫落了，連走路都走不穩，豈能再侍奉大單于呢？大單于肯定是誤聽了，誤以為我還正值青春年華，其實，我現在不值得降低您尊貴的地位，汙辱了您自己啊！我們敝國實在沒有犯什麼過錯，應該得到大單于的寬恕才是。如今我有兩輛華美的御車，用來駕車的駿馬有八匹，全都奉送給大單于。

無論是大單于或呂太后的書信往返，都攸關漢、匈兩國的外交及國

體，一旦言詞不當，戰火都將一觸即發。呂太后與大臣們商議後，深知大漢根本沒有足夠的實力可與匈奴抗衡；但又不想說得太認真，免得冒頓單于再有藉口而故意發兵挑釁，便乾脆來個將計就計，把問題特意鎖定在她與冒頓單于兩人間的男女結合關係上。似乎這事定位在只有冒頓單于與她兩人的情愛追求而已，但問題是，她畢竟早已年老色衰，根本沒有體力、美貌去侍候冒頓單于。為了感謝冒頓單于的厚愛，只好如實陳述自己的老態，已不值得大單于鍾情。但為了答謝冒頓單于的憐愛，只能將她平時所使用的御車，及駕車用的八匹駿馬，全都送給冒頓單于。還請冒頓單于務必諒解，可別因此而氣惱。

呂太后處理危機有智慧

呂太后在這起危機事件中，表現得極為英明和果斷。既然大漢的實力已不允許再出兵征戰，縱然冒頓單于的信寫得再難聽、再卑劣，她也只能以國家大局為考量，把這難以隱忍的怒氣，自個吸收，先壓了下來。因為大漢才剛剛建立，要走的路還很長。呂太后只能讓已歷經七年戰亂的大漢，先充分休養生息，才是眼下的最上策。

只要能止息戰爭，任何的眼前虧又算得了什麼呢？說穿了，那也只不過是她大漢國母一人在受苦，整個國家和全體百姓卻都能得以毫髮無傷，只要能保住這好不容易才打下的江山，她縱然受些文字羞辱，又有何大不了的呢？

呂雉和劉邦一樣，從不和人計較眼前虧，他們看的是更長遠的前景。劉家天下若要維持下去，此刻就得將冒頓單于的野心和怒火先穩住。這是智者的行事態度，也是理性戰勝情緒的極佳展現。

後世有史家批判呂太后，認為她此舉實在有失大漢國母形象。其實，這是迂腐之論。如果呂太后動怒，而大動干戈以洩私憤，對時局、對歷史發展根本沒有任何助益。若非當時呂太后放下身段而謙卑回信，冒頓單于豈肯善罷甘休？

果然，冒頓單于接到呂太后的書信後，感到極為慚愧，於是回了呂太后一封信，信中他說，我歷來不知曉漢朝是個禮儀之邦，如今我寫了那麼無禮的書信，竟然還能得到陛下的寬恕，感到極為慚愧。

由此可見，無論如何，呂太后在裡子和面子上都大大滿足了冒頓單于的需求。此外，冒頓單于的來信，本來就只是向她求愛，再藉著兩方的結合，好進一步地可使匈奴入主中原。如今呂太后不是不願順從他的求愛，只是因她早已年老色衰，實在不宜結兩姓之好。

呂太后的態度能如此柔軟謙下，冒頓單于又有何藉口再找到挑釁的機會呢？冒頓單于儘管野心再蓬勃，但大漢畢竟還是棵扎根極深的大樹，並不是他這草原民族能輕易撼動的。冒頓單于評估漢匈雙方的實力和局勢後，也只能與大漢再度保持和好關係，繼續維持著與劉邦所訂立的「和親」政策，終使漢匈兩國間沒有經歷大戰，而安享太平和安穩的局面。

憑心而論，這樣的結局，正是因呂太后能忍一時之怒，又能聽進季布的忠言，加上她沒有貴族所放不下的虛矯身段，才能合宜地寫出這封令後世史家譏諷，但卻能達成穩定政局而留下歷史定位的書信呢？大漢若保不住國泰民安的劉氏政權，還能奢談什麼國體嗎？腐儒看重的是虛榮的面子，但真為歷史前進負責的任何一個人，都肯定會情願犧牲自己，以保全大局。呂太后的「忍」事作為，豈不正是展現了高度的寬闊

心胸及遠大的格局呢？

四　結語：唯有隱忍，才能成就千秋大業

「忍」不僅是一種氣度，更是眼界格局高遠的呈現，也是肯扛起重責大任的絕佳負責態度。能隱忍的人，著眼於未來歷史的發展，也是對未來有積極樂觀的正確態度，才能在最痛苦的負擔上，表現得比常人更超越，氣度也更加不凡。

呂太后不僅是大漢國母，也要為大漢的永續發展，做出最理智的抉擇。因此，儘管她對冒頓單于的羞辱，已到了難以容忍的地步，但經季布做出關鍵性的分析後，呂太后能隱忍下來，好讓冒頓單于絕對找不出任何犯境的藉口和妄想。雖然呂太后的說辭看似十分卑微，或許看似損及國母的威儀，讓國母威儀的光芒暫時蒙上陰影，但只要大漢能挺得過難關，又有什麼值得斤斤計較呢？只有大漢江山保住，國家才能永續生存；若漢匈又大動干戈，人民流離失所，或萬一大漢滅亡，她的國母地位也不保了。

呂太后用她的隱忍，成就了西漢的千秋大業，如此印證了呂本中所言「忍之一事，眾妙之門，當官處事，尤是先務」的不易道理。

移風易俗，兵隨將轉

一 前言

　　新官上任，有的人小心翼翼、步步為營，勤政愛民，戒慎恐懼，生怕有所疏失，因此政通人和。有的人走馬上任，一時繁雜庶務齊來，檢舉陳情源源不斷而來，謠言滿天飛，處處都有陷阱，真悔不當初臨危受命跳進火坑。更有的主管不畏逆境，而力圖振作，積極銳意革新，下車伊始，豈止點燃三把火；不到一個月的革新大政，早已搞得機關上下烽火連天，人仰馬翻。部屬苦不堪言，請調他去或請辭退休，不肯為五斗米折腰。有的機關主管被人設計，抓住不法把柄而動彈不得，度日如年。很多部屬敢怒不敢言，敢言只能說下半句「累死三軍」。羊帶虎群與虎領羊群，二者效果有天地雲泥之別。

二 文本內容釋義

> 嘗謂仁人所處，能變虎狼如人類，如虎不入境不害物，蝗不傷稼之類，是也。如其不然，則變人類如虎狼。凡若此類，及告訐中傷，謗人欲置於死地，是也。(《官箴》第二十五則)

　　「仁」是儒家對知識份子的最高期許。凡是能符合「仁」的遠大目標，以及展現出「仁人」的美好品格，才會被稱之為「君子」；若不符

合這種精神及生命狀態，會被儒家視之為「小人」。孔子與孟子一生最為重視的，就是如何能將天下知識份子都培養成為「仁人志士」的君子。什麼是「仁人志士」的君子？《論語‧顏淵》篇說：「君子成人之美，不成人之惡。小人反是。」朱熹對這句話的解釋是，君子與小人的差異在於心地，君子喜歡行善，而小人不會鼓勵他人成就善事。如此，我們便可以清楚明白「志士仁人」最大的特質，就是不僅自己存好心、說好話、行善事，他也會去鼓勵別人一起行善「共好」。由於「仁人」自己行善，也會鼓勵他人行善，因此他所到之處，當地民風都會受到良好影響；即使再凶惡、沒受過教化的虎狼之流，也能被逐漸感化，行為端正。

呂本中用「如虎不入境不害物，蝗不傷稼之類」，是「變虎狼如人類」的極好譬喻。老虎走進我們的領域，按照常理哪有不傷人、害人的道理？畢竟牠不是吃素的，食肉是老虎的本能啊！否則古人就不必編織「武松打虎」的神話來安慰人心。蝗蟲本來就是來吃莊稼的農作物，最可怕的是蝗蟲都是集體過境，在哪個時空下，誰不懼怕蝗害呢？呂本中用了人們所最懼怕的災難形容地方惡霸，以與「仁人」形成強烈對比。但又說「仁人所處，能變虎狼如人類」，這是用文學技巧上的誇飾手法，強調邪必不勝正。端正的仁人君子，才是改造環境的最大力量。

呂本中告誡官員天下不安、社會混亂已久。長官要能以身作則，才能上行下效。在上位者若也是個虎、狼之流，他居官之處，必然會使原本純樸的社會風氣也跟著逐步退化。這個地方上原先是好人，也會因耳濡目染而慢慢變成壞人。於是，本來相安無事的地區，也會突然出現惡意告發、中傷、毀謗他人，甚至想要置人於死地的社會歪風。

三　對比代表人物──孔子與季康子

呂本中引用孔子的仁人思想，作為為官之道的目標，以端正社會風氣，是改造沉淪世界的最好方法。歷史的首選人物，當然非孔子莫屬。此外，與孔子同一時期，掌握當時魯國最政權的三公之一季康子，因為他只圖個人家族的私人利益，導致魯國社會風氣一再敗壞。季康子執掌政權，就是「變人類如虎狼」的極佳代表。

孔子擔任大司寇時，對魯國產生「變虎狼如人類」

孔子在魯定公十年（西元前五百年），擔任過魯國的大司寇，相當於今天的司法院長、警政署長，負責魯國的治安，及其各項司法改革。在《孔子家語》這本書中有詳盡記載，孔子才剛被魯定公遴選而成為大司寇，但孔子都還沒來得及上任，整個魯國的奸邪小人，竟然一聽到這個風聲，立刻嚇得改邪歸正。這段歷史內容主要記載在《孔子家語‧相魯第一》：

初，魯之販羊有沈猶氏者，常朝飲其羊以詐市人；有公慎氏者，妻淫不制；有慎潰氏，奢侈逾法。魯之鬻六畜者，飾之以儲價。及孔子之為政也，則沈猶氏不敢朝飲其羊，公慎氏出其妻，慎潰氏越境而徙。三月，則鬻牛馬者不儲價，賣羔豚者不加飾，男女行者別其途，道不拾遺，男尚忠信，女尚貞順，四方客至於邑者，不求有司，皆如歸焉。

從前，魯國有個叫沈猶氏的羊販子，他總是在早上先用水把羊隻灌得飽飽的，來增加羊的重量，以詐騙市民。還有一個叫作公慎氏的，他的妻子不守婦道，生活很淫亂，但他總是聽任妻子放蕩，從來不加以制止。另有還一位名叫慎潰氏的，生活十分奢侈，早已超過了法令規範。更可怕的是，在魯國市場中販賣六畜的商人，往往都把牲畜修整打扮，再等待高價出售。在魯國市場上，童叟無欺的現象幾乎已經蕩然無存。

但是等到孔子將要掌權執政的時候，哪個沈猶氏，不敢再給羊灌水了。哪個公慎氏，也把妻子給休了。哪個慎潰氏，也嚇得逃出國境了。孔子管理當地的百姓三個月之後，賣牛、馬的販子，也不敢等待高價再賣了；賣豬、羊的販子，也不再弄玄虛作假賣高價。男、女走在路上會各走各的道路，知道必須要謹守應有的界限，不會亂搞男女關係。路上如果有遺失物，也沒有人會去撿來佔為己有。男子以盡忠守信視為高尚，女子也會以堅貞和順視為高貴，大家都能知禮守法，自行遵守道德仁義。

至於四面八方的外國客人到了魯國的都邑後，不需要去找當地人關說，都能解決他們的生活問題，每個人都像回到了自己家裡一樣，感覺親切溫暖而生活方便。這麼淳樸的和善風氣，真是如同孔夫子所希望的「大同世界」一樣。能夠在短時間內，就能轉變一個地區的民風民俗，使惡人去掉貪淫好利的不良心態，並扎下淳厚良善的美德，及時推廣而形成良善的社會風氣。不可否認的是，孔夫子的道德、智慧，以及他超高卓越的政治才能，實在令我們感到非常驚訝和敬佩。

在孔子治理下的魯國，為什麼能在短時間內，就能產生良好效果呢？從《論語》相關記載中，可以發現孔子在施政上，確實有一套獨到

的見地。在《論語‧顏淵篇》中，曾記載季康子問政於孔子的一段話。孔子回答季康子說：「政者正也，子帥以正，孰敢不正？」身為統治者最先該做的，就是先端正自己的行為，以仁義為懷，廉潔自持，奉公守法，好德好善，自然就能端正其下屬。這就是言教、身教發揮的力量。

孔子除了自身的言教、身教，可以作為世人學習的榜樣；此外，孔子在執法上，從來都是確實嚴正執行，從來不沾親帶故，從來不含糊，沒有灰色地帶。孔子從來不會把法律當成是裝飾品，也從來不把愛民、利民的理想，只當作口號來呼喊。每一次執法，孔子一定會「叩其兩端」，把導致問題的關鍵，既想得清清楚楚，也問得明明白白。孔子這麼做，就是為了能正確地判斷是非，以免發生冤假錯案。

此外，孔子每到一處任職，都一定會先教化好百姓，讓百姓知道什麼是該做，什麼是不該做。若百姓已懂得道理，卻還執意要犯罪，孔子就會秉公處理，絕不循私而放水。也就是說，孔子的為官之道，一定是會先做好該有的教化宣導工作，對於明知故犯而惡性重大的嫌犯，才會依法嚴懲不貸，施以嚴峻鐵腕，這便是孔子何以會誅殺少正卯的原因。

《史記‧孔子世家》記載：「（魯）定公十四年，孔子年五十六，由大司寇行攝相事……於是誅魯大夫亂政者少正卯。」這段內容是說，孔子在魯國擔任大司寇期間，曾代理執行宰相職務。但孔子才到任第七天，就殺死了當時魯國的大夫少正卯。為什麼孔子要採如此急切的霹靂強勢手段，將魯國大夫少正卯立刻正法處置呢？理由很簡單，因為少正卯兼有五種惡劣行徑，並且在家裡常聚眾成群，鼓吹邪說，譁眾取寵。少正卯當時已經是魯國小人中的雄傑，紊亂體制，所以孔子非得將他殺掉不可。由此可見，敢將惡人繩之以法，以讓世人能夠真正的明辨是非

善惡，其實也是仁政的體現。

因為太體恤百姓之苦，孔子恨不得能將百姓從苦難的水深火熱中拯救出來。因此，孔子便常常會發出仁人君子才可能發出的「義怒」。比如孔子有一位學生名叫冉求，是孔門四科十哲中的政治長才。冉求隨孔子周遊列國，回到魯國後，就一直擔任著季孫氏的家臣，而且冉求非常受到季孫氏的重用。後來貪得無厭的季孫氏竟想要按照田畝徵稅，以提高百姓的賦稅，增加自己歲收。但季孫氏又怕會引起大家反感，於是季孫氏就派冉求故意先去徵求孔子的同意。因為孔子已是魯國的資深名士，德高望重，如果連孔子都贊同改變賦稅制度，有了孔子的背書，那麼季孫氏便可以順理成章找到聚斂的合法藉口。冉求受季孫氏之命，前往向孔子請示過三次，但孔子都不肯答覆這個問題，只有在私下對冉求說：「若不度於禮，而貪冒無厭，則雖以田賦，將又不足。且子季孫若欲行種茶人家而法，則周公之典在。若欲苟而行，又何訪焉？」

季孫氏其實已經是非常富有了，卻還想要藉著變更賦稅，來增加他的個人財富。冉求為了滿足季孫氏的慾望，竟完全漠視季孫氏已經太過墮落；他想變更賦稅制度，也是大大的違背禮制。顯然冉求也是心懷不軌，為了謀求一己的私利，還想再得到季孫氏的提拔，希望能得到更高的重用。因此，冉求決心昧著良心，把平時孔子所教導的「仁者，愛人」的「仁政」理念全都拋在腦後，更積極幫著季孫氏聚斂財富。孔子對冉求的表現，實在是太心痛也太氣憤，於是便對著所有的學生放話，指責冉求：「非吾徒也！小子鳴鼓而攻之可也。」孔子這句話說得非常重，等於是將冉求逐出師門。如果冉求還在繼續幫著季孫氏幹壞事，剝削百姓、謀奪百姓的財產，孔子便不再承認冉求是他的學生。因為冉求將所學淪落成贏得季氏信任的工具，這便是對「仁德」的最大迫害。

魯定公十三年（西元前497年），齊國見魯國有了孔子的輔政後，魯國竟然蒸蒸日上，愈變愈強盛。齊國非常擔心有一天魯國變得比齊國更強大，這該怎麼辦呢？最好的方式就是讓魯國的國君不再信任孔子。但是要用什麼方法才能讓魯定公不再信任孔子呢？《史記‧孔子世家》記載：

> 齊人聞而懼，曰：「孔子為政必霸，霸則吾地近焉，我之為先并矣。盍致地焉？」黎鉏曰：「請先嘗沮之；沮之而不可則致地，庸遲乎！」於是選齊國中女子好者八十人，皆衣文衣而舞康樂，文馬三十駟，遺魯君。陳女樂文馬於魯城南高門外，季桓子微服往觀再三，將受，乃語魯君為周道遊，往觀終日，怠於政事。子路曰：「夫子可以行矣。」孔子曰：「魯今且郊，如致膰乎大夫，則吾猶可以止。」桓子卒受齊女樂，三日不聽政；郊，又不致膰俎於大夫。孔子遂行。

　　魯定公十四年，當時孔子五十六歲，官居大司寇，又代理國相職務。此時與魯國相鄰的齊國開始擔心孔子治理下的魯國強大起來，肯定會造成齊國的威脅。於是齊國人便設計反制方法，在齊國裡挑選八十位美女，把她們全訓練成能歌善舞，以送給魯定公，好讓魯定公能天天迷戀於女色，而懶得打理朝政。此外，又再送上文馬，也就是經過裝飾的馬匹，以做儀仗用的三十駟（相當於一百二十匹馬），也一併轉贈給魯定公，就是要讓魯定公沉迷於美色，還天天只想馳騁於打獵尋樂。這兩件事只要能讓魯定公著迷，魯國必然就會衰敗下去。

　　當時魯國掌權的正卿是季桓子，他完全不經孔子同意，就擅自請魯

定公去觀看。果然，魯定公還真的被齊國美人和寶馬給迷住了，從此魯定公便開始荒廢朝政，三日不肯上朝，就連郊祭的禮數也全然不顧。孔子看到這情況，非常失望。不久魯國舉行郊祭，祭祀完後，按照慣例，魯國的國君應當要把祭肉分送給大夫們享用。孔子反對魯定公接受齊國所贈送的女子樂團和寶馬，使得魯定公非常不高興，於是在贈送大夫們郊祭的祭肉時，便不願把祭肉送給孔子。這就表明了魯定公不想再任用他了，孔子在不得已的情況下，只好選擇離開魯國，而開展了他周遊列國的人生旅程。

季康子執政「變人類如虎狼」

季康子是春秋時期魯國人，魯哀公時期的正卿，他執政時，已是魯國公室走向更為衰弱的時期。季康子執政後，總是發現魯國世風敗壞，治理起來實在是非常困難。但季康子其實並不笨，他想起孔子過去曾經把魯國治理得非常端正。於是季康子決定要好好求教於孔子。《論語‧顏淵篇》記載：

> 季康子問政於孔子曰：「如殺無道，以就有道，何如？」孔子對曰：「子為政，焉用殺？子欲善，而民善矣。君子之德風，小人之德草。草上之風，必偃。」

季康子去問孔子，要如何才能治理好政事。但季康子心裡早就有個腹案，於是他就對孔子說：「如果殺掉無道的人，來成全有道的人，這個辦法怎麼樣呢？」孔子聽了太驚訝了，因為孔子知道，現在天下最無道的壞人其實已不是下層百姓，而是在上位的執政者。於是孔子就回答

季康子說：「您治理政事，哪裡用得上殺戮的手段呢？您只要想行善，老百姓也就會跟著行善了。在位者的品德就好比風，在下者的品德好比草，風吹到草上，草就必定會跟著倒。」意思是說，只有季康子能先端正自己的行為，他才有資格去對百姓嚴峻執法。

又過了沒多久，季康子還是又跑來問孔子，這次他遇到的是魯國到處都是盜賊充斥的問題。《論語・顏淵篇》記載：

> 季康子患盜，問於孔子。
> 孔子對曰：苟子之不欲，雖賞之不竊。

在季康子執政期間，他非常苦惱於魯國實在是盜賊太多了，於是他便向孔子求教，看看孔子是否能給他一個整治盜賊的良好辦法。但出乎意料的是，孔子不但沒有提出管理之道，反而是回答季康子說：「如果你自己不貪求財貨，即使你千方百計的獎勵偷盜，他們也不會去偷盜。」從孔子的回答就可以清楚明白，原來魯國的社會風氣之所以會變得這麼可怕，並不是由百姓所造成。也就是說，百姓不過是有樣學樣罷了。

由於季康子本性就是個虎、狼之輩，當然他治理的魯國也逐漸失去了純樸美善的人性，而個個都走向了既貪婪又缺乏仁愛的路上。到了後來，魯國甚至還有許多百姓被賣到其他國家去當奴隸。這是非常悲慘的事，表示魯國人已經不只會盜取別人的錢財，還會把人給綁架到國外去販賣人口。於是魯國就得制定一條法律，以救贖回哪些被販賣到國外當奴隸的可憐百姓。這段史料，主要記載在《呂氏春秋・察微篇》：

> 魯國之法，魯人為人臣妾于諸侯、有能贖之者，取其金於府。子

貢贖魯人于諸侯，來而讓不取其金。孔子曰：「賜失之矣。自今以往，魯人不贖人矣。取其金則無損於行，不取其金則不復贖人矣。」子路拯溺者，其人拜之以牛，子路受之。孔子曰：「魯人必拯溺者矣。」孔子見之以細，觀化遠也。

　　魯國有一條法律規定，凡是魯國人在國外被販賣成為奴隸，如果有人能把他們給贖回來，回國後就可以到國庫中報銷，並領回所支付的贖金。有一次，孔子的弟子子貢（端木賜）在國外贖回了一個魯國人，回國後不接收國家的賠償金。孔子知道這個事情後，就責罵子貢說：「端木賜啊！這件事你做錯了！從今以後，魯國人就不再願意為在外的同胞贖身了。你如果接收了國家的贖金，其實並不會損害你的行為啊！如今你不肯拿回你抵付的錢，別人看了也會不好意思去拿，從此以後，就再也沒人肯在國外贖回魯國人。」

　　又有一次，孔子另一個學生子路搭救了一名溺水的人，哪個人為了感謝子路的救命之恩，就送給子路一頭牛，子路很坦然的收下。孔子聽到了這件事，反而大大讚美子路，說：「這下子魯國人一定會勇於拯救落水的人了。」「子貢贖人」是用自己的錢，做了一件好事，在常態下應該被視為道德的典範，但孔夫子為何反而要責罵子貢呢？因為魯國人心已經墮落了，就算回國後贖金能夠拿回來，大家還不一定願意做這件事呢。畢竟，人心已非比從前，大家只管謀取自己的利益，別人被賣到國外當奴隸，又有幾個人會肯同情他們？子路同子貢一樣清高、廉潔，但若不收取應當拿的報酬，以他們兩人的知名度，這事一旦傳開來後，不但不會在魯國形成美談，反而會成為人人懶於做好事的最佳藉口。本來最有禮、樂教化的文化魯國，到了這個時候，竟然已走向了世風日

官箴與史記的對望

下、人心不古。這豈不是貪婪又墮落的統治者，把老百姓給感染成了虎、狼之人了嗎？

四　結語

孔子是仁政思想的倡導者，也是身體力行的執行者。雖然孔子在魯國從政的時間只有三、四年時間。但魯國在孔子的治理下，竟然可以由衰弱逐漸轉變為強盛。就連實力強大、土地廣大的鄰邦齊國，都因懼怕魯國繼續任用孔子，會對齊國造成嚴重威脅。

齊國只好對貪婪又好色的魯定公，贈送了八十位能歌善舞的女樂，及一百二十匹駿美的馬匹。一則是要讓魯定公沉溺於女色和寶馬；另一個目的則是要讓孔子因為看不下去魯定公的沉淪而堅決反對魯定公接受齊國的贈禮。這樣就會造成他們君臣之間出現了嚴重的矛盾和裂痕。從此以後，魯定公不想再重用孔子。在哪個極重禮法的春秋時期，魯定公也不必明講不想重用孔子，他只是在一場祭典後，藉由贈送卿大夫及貴族祭肉的禮儀上，沒把祭肉送到孔子的府上。一向精通禮法的孔子，當然能心神領會魯定公的用意。因此，孔子也只能悵然離開魯國。

孔子不僅提出仁政思想，更重視仁人精神的培養。或許會有人說孔子就算再偉大，但又有什麼用呢？孔子最終還不是被魯定公給嫌棄，而不得不領著他的三千弟子周遊列國？但我們千萬別忘了，孔子的人生只是在魯國沒受到重視而已。孔子周遊列國時，卻把仁政觀念，從魯國向外傳揚出去。直到二十一世紀的今天，全世界都還是繼續在「尊孔」，全世界都在讀《論語》，也都在紀念偉大的孔夫子。《論語》在全世界被翻譯成多國文字，這樣看來，孔子究竟是成功還是失敗？

此外，仁政也是一位領導者應當培養的團隊風氣。一個在上位者一定要設法將仁人概念，以身作則，使下屬或老百姓都能了解這個道理，才能在生活中真正的落實。在上位者要主動尊重和愛惜下屬，下屬也應該要以同理心尊敬和支持長官。只有上、下都團結一心，才能齊心協心努力，共同完成目標。

孔子三十歲就創辦了私塾，將教育推展到民間，使下層的百姓也能受到良好的教育。很多人都以為孔子只不過是個滿腹理想的教育家，但萬萬沒料到的是，魯定公卻突然在孔子五十一歲時要他出來做官。而孔子踏入政壇的第三年，就直接被晉升為大司寇。當魯定公宣布孔子的人事派令後，就足以讓哪些魯國奸滑狡詐的虎狼之人，嚇得趕緊改邪歸正。由此可見，魯定公讓孔子擔任大司寇，正符合呂本中所強調的「嘗謂仁人所處，能變虎狼如人類」。

至於徒有貴族血統的季康子，執政只想憑藉著他與生俱來的貴族特權，卻絲毫沒有愛民和體恤老百姓的仁心。他的統治辦法就只有用嚴刑峻法，難怪魯國會在季康子的統治下變得人人自私自利。不僅得借用強勢的法治力量抑止犯罪，他得拋出重利，來誘使人人行善。本來趨善避惡都是人的自然本性。但給了虎狼之人來治理，就真如呂本中所言，也會導致「變人類如虎狼」。

直不犯禍，和不害義

一　前言

公務員依法行政，不難；然而，做人卻也不易。呂本中提出如何調整做事與做人兩端的建議，值得現代公務員重視。

呂本中《官箴》第二十七則，特別講了一則「當官大要，直不犯禍，和不害義」的道理。這句內容並不難懂，人人都能理解，也能察知其中要領。但呂本中在文句的中間，又加上一句「在人精詳斟酌之爾，然求合於道理」。究竟這兩者之間，應當如何調和，如何應用？又如何發揮最大的作用？後人在研讀此段內容時，又該如何理解其中精義？顯然都值得我們深入探究。此外，在《史記》當中，又有哪一位歷史人物可以作為學習的借鏡？

二　文本內容釋義

> 當官大要，直不犯禍，和不害義，在人精詳斟酌之爾，然求合於道理，非本私心專為己也。（《官箴》第二十八則）

當了公務員後，為人處事極其重要的原則，就是行事要正直，行政作為要合乎公義，但也要有處世的智慧，才不至於招來禍害，這就是「直不犯禍」的意思。「和」是孔子所說的「君子和而不同」（《論語·

子路》）；也就是說我們的行事，雖然完全符合公義，但也絕不能太過於僵化或偏執己見，必須要能接受不同的意見和觀點。由此我們便可理解，「和不害義」就是接納各方不同意時，要有主體性，站穩立足點；絕不能因為哪一方的聲量大，或哪一方的支持人數較多，便拋棄了本來應當堅守的公義原則。

「直不犯禍」與「和不害義」都圍繞在一個主軸上，就是指為官者執行任務時，一定要堅持核心價值，才能公正執法。但操作上則必須保有彈性，不要太剛愎自用，完全容不下一丁點不同的聲音；但也不能太隨和而失去該堅持的原則。此所以官員在待人接物上，一定要特別精詳思慮和衡量，使過程和原則之間，能盡量找到一個平衡點，這就是「在人精詳斟酌之爾，然求合於道理」。但不能輕忽的是，若是要在行事與原則間找到真正的平衡點，其中的關鍵，就是公務員絕對要以「正直」和「公義」處理一切公眾事物。最忌諱的就是私心自用，而閉門決斷事物，若是這樣，就會淪於不公、不義，最終必然會招來禍患，也將會使社會公義蕩然無存。

今天我們社會之所以能維持和諧安定，最主要原因便是公權力能貫徹到底和法治精神的發揚。公權力和法治要達到平衡點，最主要的源頭便是官員一定要確實先嚴肅地遵循著公義和法治，才能在社會中形成「上行下效」的風行草偃影響力。能堅守法治，才能保障最多人的生命和財產的權益。能符合「公義」，才能不以私心行事，可使一切的資源都用在最有益於國家、社會的立足點上。其次，官員也要有一顆有容乃大的寬容之心，海納百川，多接納別人的意見和不同的觀點，讓自己不至於陷入坐井觀天，或夜郎自大到故步自封的盲區上。但也必須注意要確切堅守「公義」和「法治」原則，才不會使自己於無形間淪於被輿論所利用或被媒體牽著鼻子走；或者是被自己的一時私慾所操控，而惹出

了不必要的禍患。

三　效忠一人忽視情義的酷吏郅都

郅都的生卒年不詳，太史公《史記·酷吏列傳》僅記載郅都是西漢時期的河東郡楊縣（今山西省洪洞縣）人。郅都在漢文帝時期擔任郎官，負責皇帝身邊侍衛安全。到了漢景帝時期，又被任命為濟南郡太守、中尉，及雁門郡太守等重要職務。

郅都是西漢時期最早以嚴刑峻法鎮壓不法豪強，強勢維護封建秩序的知名酷吏。他固然遵循禮法，也確實認真地執行公義，但其缺點就是執法太過於嚴峻，在行事與原則間，並沒有找到適當的平衡點，最終才會被論處死罪。

郅都一路為官，深受長官賞識，最後卻成為人生失敗組，值得我們引以為鑑。究竟郅都是在哪件事情的處理上出包，堪稱公務生涯最大的敗筆？這件事對郅都的官運究竟有何影響？值得我們探究。

在談到郅都審理漢景帝的太子劉榮案之前，我們宜先理解一下郅都在政壇上行走的所有流程。然後再透過他的執法態度，以分析究竟在哪一個節點上，是與呂本中的《官箴》告誡有何相關符合之處？又，郅都究竟在哪個要命的關鍵上，因為犯了重大缺失，才會遭到死罪的禍害。

隨漢景帝狩獵，卻不出手相救險遭野豬傷害的賈姬

郅都原本是漢景帝身邊的侍從官員。有一次，郅都隨從漢景帝外出打獵，發生了一件趣事，使得郅都從此得到了竇太后的賞識，而開啟了他在政壇上直步青雲的道路。這事記載在《史記·酷吏列傳》：

> 郅都者，楊人也。以郎事孝文帝。孝景時，都為中郎將，敢直諫，面折大臣於朝。嘗從入上林，賈姬如廁，野彘卒入廁。上目都，都不行。上欲自持兵救賈姬，都伏上前曰：「亡一姬，復一姬進，天下所少寧賈姬等乎？陛下縱自輕，奈宗廟太后何！」上還，彘亦去。太后聞之，賜都金百斤，由此重郅都。

漢景帝喜好美女，連出外打獵，都還要再帶個心愛的寵妃賈姬隨行。在打獵的過程中，賈姬一時內急而上廁所，此時卻突然衝來了一頭不知好歹的野豬，這頭野豬竟一下子就跟著鑽進了賈姬如廁的廁所裡。漢景帝見此危機，大驚失色，就使個眼色遞給郅都，示意郅都快進廁所裡去救護賈姬。孰料郅都卻權當作沒看見，居然一動也不動。漢景帝心裡是又急又火，實在沒辦法，自己便提著劍就要衝進廁所裡扮演英雄救美的戲碼。郅都看了就趕緊攔住漢景帝，並跪在地上對漢景帝說：「這個賈姬也不過就是一個女人啊！一個女人死了，接著還會再進一個女人，天下的女人多的是。陛下縱使不愛惜自己的生命，也得為太后考慮考慮啊！也得為大漢江山考慮一下啊！陛下豈能為了一個女人就去冒險呢？」

郅都之所以會這樣對漢景帝諫言，實是因為他本來就是個酷吏，加

上集權專制時代，臣子只需對皇上一人負責。在臣子心中，只有皇上安危才是最重要的任務，其他人都可以不必理會。

所幸這件事只是一場虛驚，野豬在廁所裡轉了一圈又知趣地跑了出來。野豬出來以後，驚魂未定的賈姬也出來了。但這個英雄救美未遂事件立即傳到竇太后耳裡。竇太后覺得這郅都果然是位難得忠臣，救了她兒子一命。因此，竇太后立即重賞了郅都。從此以後，郅都就大受漢景帝的信任和重用。

擔任濟南郡守，徹底掃黑整治地方豪強惡霸

《史記・酷吏列傳》載：

> 濟南瞷氏宗人三百餘家，豪猾，二千石莫能制，於是景帝乃拜都為濟南太守。至則族滅瞷氏首惡，餘皆股栗。居歲餘，郡中不拾遺。旁十餘郡守畏都如大府。

西漢初年，惠帝、文帝政府採取「無為而治」，本來這是為了使飽經戰亂蹂躪的百姓，能夠得到更多的生養休息。誰知日子一久，地方上的豪強勢力反而迅速膨脹，有的甚至橫行鄉里，蔑視政府官員，竟目無國法。光在濟南郡的大姓宗族就高達三百多家，個個都強橫奸滑，還仗勢著宗族戶多人眾，便成為地方惡霸，常常和官府作對。

當時濟南地方官吏及濟南太守對此治安亂象，都束手無策。在歷經

了賈姬事件後，漢景帝開始體會到郅都執法的公正和專業性，便任命他為濟南郡太守，期望他能去整頓治安，吏治有所一番作為。

郅都來到濟南郡後，並不像前任哪些官員們那麼客氣，而是採取了以暴制暴的霹靂手段。到任後，他就把瞯氏等幾個大姓家族的首惡分子，毫不客氣的把他們都依法整飭，全家殺光。郅都殺了幾家首惡分子後，其餘的大姓土豪惡霸無不都嚇得大腿發抖，便再也不敢與官府對抗。過了一年多，濟南郡的社會風氣大大轉變，竟成了路不拾遺的善良民風之地。

審理廢太子劉榮案件，迫使劉榮自殺

郅都整治濟南郡成功後，漢景帝對他更是賞識有加，於是又將郅都提升為中尉。在當時，百姓多半都相當和順而守法，會觸犯法律的，反而多半是皇親國戚及功臣列侯等權貴及其子弟。由於郅都施行的是嚴酷刑法，他一點也不畏避權貴和皇親，凡是觸犯刑法和違禁的行為，不論是何官、何人，也不問出身，更不論官階，他都一律依法懲治。列侯和皇族及功臣們只要一見到郅都，都會嚇得只敢側目而視，他們還給郅都取了一個外號，叫作可怕的「蒼鷹」。

在漢景帝時期，發生一樁迫使廢太子劉榮自殺，還殺掉劉榮的母親栗姬，及栗姬親人的重大案件。主審者，竟然就是就嚴守法律，而被世人稱之為「蒼鷹」的郅都。據《史記・酷吏列傳》記載：

> 臨江王徵詣中尉府對簿，臨江王欲得刀筆為書謝上，而都禁吏不予。魏其侯使人以間與臨江王。臨江王既為書謝上，因自殺。竇

官箴與史記的對望

太后聞之，怒，以危法中都，都免歸家。孝景帝乃使使持節拜都為雁門太守，而便道之官，得以便宜從事。匈奴素聞郅都節，居邊，為引兵去，竟郅都死，不近雁門。匈奴至為偶人象郅都，令騎馳射，莫能中，見憚如此。匈奴患之。竇太后乃竟中都以漢法。景帝曰：「都，忠臣。」欲釋之。竇太后曰：「臨江王獨非忠臣邪？」於是遂斬郅都。

漢景帝前四年，立皇長子劉榮為太子。但最詭異的是，這時漢景帝其實已經非常有理由大可以廢掉薄皇后，而另立劉榮的母親栗姬為皇后。但漢景帝卻在這最誘惑的寶座上搞分裂，他讓皇后寶座上坐的是薄皇后；而太子的寶座上則坐著栗姬所生的兒子劉榮。到了漢景帝前六年，漢景帝終於將薄皇后給廢了，但廢了薄皇后之後，漢景帝還是不肯馬上立栗姬為皇后。這樣的局勢，便會讓許多無論是局外人或局內人都感到非常困惑。當然，除了困惑之外，也會更抱持著有機可趁的爭奪意志。

其實，劉榮被廢了太子，根本毫無道理。漢景帝的姊姊館陶公主劉嫖，為了穩固自己的地位，便想將女兒陳阿嬌嫁給栗姬之子劉榮聯姻，親上加親。但是栗姬只因為劉嫖時常獻美女給漢景帝，便對長公主劉嫖心懷怨恨，而推辭了劉嫖所提出的聯姻喜事。栗姬實在太沒有政治頭腦，以至於她根本不知道已經得罪了長公主劉嫖，也間接得罪有權決定立太子的竇太后；此外，長公主劉嫖並不會就此罷手，不甘心的又為她的阿嬌繼續找尋更合適的乘龍快婿。結果，長公主劉嫖終於物色到王美人的兒子劉徹。劉榮這下可慘了，他無論多乖巧，都得因他白目母親的一個失誤，而種下了被廢太子的命運。

之後漢景帝有段時間因偶感健康不佳，為此心情非常不好。有一天

心血來潮，有感而發的對栗姬說：「我百年以後，希望妳能善待其他的妃子和她們的兒子。」或許這是漢景帝的試探之聲，沒想到栗姬聽了非常反感，居然當面莫名其妙而暴怒，非但表態不願意照顧其他曾受漢景帝寵愛的姬妾及其子女，甚至還對漢景帝出言不遜。這事讓漢景帝相當生氣，對劉榮的命運，更已黯然種下了極大的致命傷。

後來漢武帝的母親王美人故意唆使大臣向漢景帝請求立栗姬為皇后，導致漢景帝更為震怒，漢景帝於前元七年，廢了太子劉榮，另改立他為臨江王。

但劉榮被廢為臨江王後，到了封地，卻犯了一件大錯。劉榮在擴建自己的宮殿時，竟然有違禮制，而侵占了祖廟外面小圍牆圍住的那塊空地。劉榮有違禮制的這個舉動，立刻被告發到中央，漢景帝於是就下令召劉榮進京說明案情。

據說劉榮準備進京的時候，剛一上路，他的坐車車軸就突然斷了，所以臨江國的百姓當時哭著預言，臨江王應該不會再回來了。後來事情的發展果真如此，劉榮到了京城以後，漢景帝竟然殘酷地把劉榮直接押到中尉府去接受審判。

中尉的職務就是管理首都社會治安的首長，而當時擔任中尉一職的就是執法最嚴屬的酷吏——郅都。郅都執法從不手軟，他對皇親貴戚從來也不會手下留情。如今漢景帝卻將年紀還小而剛被廢太子的劉榮，直接交到號稱「蒼鷹」郅都的手裡，豈不是要讓自己的小綿羊推入「蒼鷹」虎口？

畢竟劉榮犯的過錯，還不算是什麼滔天大罪，縱然要懲治他，也犯

不著大費周章地送到中尉府去。身為父親的漢景帝理應該將兒子領到身旁，好好予以身教、言教才是。但漢景帝的做法，卻是異常的冷酷無情，他不但不見劉榮一面，還把劉榮視同重大刑犯一般，直接送給辦案最嚴酷的「蒼鷹」郅都去審理。

劉榮平日早已養尊處優慣了，哪能受得了被中尉府關押的折磨？更何況他犯罪的案情，簡單而明確，不過就是擴建宮殿，而違制擴建到祖廟外圍牆的範圍去罷了。當地的官員都已經上書說明此事本末，那麼劉榮又何必還要再被關押在中尉府裡，以接受郅都的審訊？

劉榮對自己的未來命運非常驚恐，便決定想要把他違規的實際情況，清楚地書寫下來。於是，劉榮說是要給他的父皇寫封信，既說明犯罪情況，一方面他也要向漢景帝謝罪，就向郅都取用紙和筆等書寫文具。沒想到執法非常嚴峻的郅都，竟然絲毫不給情面，連要個紙、筆寫封信都不准。

最後，還是驚動竇太后的侄子竇嬰，他因為曾做過劉榮當太子時候的太子太傅，為了營救學生劉榮，老師就偷偷地給學生劉榮送了紙、筆，劉榮才能寫了一封絕筆信。但寫完以後，劉榮卻自殺了。

劉榮自殺，致使郅都得罪了竇太后

劉榮自殺以後，朝野震動。劉榮雖是死於自殺，但實際上劉榮所以會走上自殺這條道路，難道漢景帝就不必負最大的責任嗎？劉榮他畢竟還只是一個孩子啊！要不是因為他母親及其親人都被漢景帝殺了，如今兒子又只因一個擴建宮殿而違了禮制，身為父親的漢景帝，不但不心疼

這個單親孩子，竟還殘忍的把劉榮當成了重犯，直接關押在中尉府裡，使得劉榮對於未來感到十分恐懼，劉榮才會過度驚恐而絕望，最後只好選擇走上自殺這條不歸路。

漢景帝對於劉榮的自殺竟然絲毫都不難過，像是別人家死了孩子似的，可見劉榮自殺，根本就是漢景帝所期待發生的結果。因此，漢景帝才故意把劉榮交給最可怕的中尉府審理，顯然就是想讓劉榮因害怕而自盡。劉榮的老祖母竇太后事後知情，自然反應完全符合人性，她震怒極了，便立即下令要求把審理案件的中尉郅都處死。但漢景帝並不想讓郅都死，畢竟郅都並沒有殺他的皇長子劉榮的犯罪動機；而且說穿了，郅都也只不過是漢景帝手中所利用的一顆棋子罷了。郅都執法，完全是遵照漢景帝的意願而行事，絲毫沒有自己的私心。如此忠臣，漢景帝怎麼捨得讓他死去？

但竇太后已經不能再容忍郅都，而漢景帝並不想殺掉郅都，竇太后只好一直向漢景帝施壓；漢景帝迫於無奈，只好將郅都暫時先免了官。郅都被免官後，才沒幾個月，漢景帝又立刻派人到郅都家裡去安慰他，還任命郅都為雁門郡的太守。

為什麼要派郅都任雁門郡太守呢？因為雁門郡屬於邊關，離長安城又很遙遠，這樣就可以遠離竇太后的注意力。此外，匈奴的鐵騎總是連年南下侵犯騷擾邊境，邊境數郡地區已經久無安寧日子。而匈奴人一向非常敬佩郅都的節操和威名，讓郅都去就任雁門太守，就可以震懾匈奴，使他們不敢在侵擾邊境。

漢景帝在任命郅都為雁門郡太守時，又授權郅都可以便宜行事，也就是遇到情況緊急的時候，郅都可以不必事先向任何人報告，就可以擅

自作主處理問題。這等於授權給郅都，具有極其充分的執法特權。由此可見，漢景帝不但沒有因皇長子劉榮的死而責怪郅都，反而更信任有加。

果不其然，郅都才一抵達雁門郡，匈奴騎兵便全軍往後撤離，遠離了雁門關。匈奴還曾用木頭刻成郅都人形的木偶，立為箭靶，讓匈奴的騎兵來回奔跑當標靶射擊。結果匈奴騎兵實在因為太畏懼郅都，竟無一人能夠射中木偶。一直到郅都死前為止，匈奴人都完全不敢靠近雁門關。可見郅都不僅執法嚴峻，帶兵抗敵也是不在話下。

這等不戰而能屈人之兵的人才，確實保障邊境安全的郡守，非常難能可貴，難怪漢景帝會如此賞識他。因為郅都除了治事剛正、工作認真及有才幹外，最主要的還是郅都在辦事上，從來不是因著他個人的利益，而全都是為了國家安全利益做考量。這樣的忠臣，如何能不讓漢景帝特別賞識呢？

但問題是，儘管漢景帝再怎麼保護郅都，只要郅都一天沒死，又得到漢景帝的重用，這個消息終有一天還是會傳到竇太后耳裡。果不其然，竇太后在得知漢景帝再次重用郅都的消息後，立即下令逮捕郅都。漢景帝趕緊替郅都辯解，說：「郅都是忠臣啊！千萬殺不得。」但竇太后卻始終忘不了她的金孫兒劉榮之死，竇太后絕不是個省油的燈，她便逼問漢景帝：「你只知道郅都是忠臣，難道臨江王就不是忠臣嗎？」不要忘記臨江王劉榮還是她的長孫，郅都得罪權貴，又得罪太后，在竇太后的強力干預下，最後郅都平白被冤殺害了。

四　結語

呂本中《官箴》另有一則教誨：

> 當官處事，務合人情，忠恕違道不遠，觀於己而得知，未有舍此
> 二字而能有濟者也。

郅都對漢景帝忠則忠矣，對待劉榮一案，則有失恕道人情。

其實，就整體而論，郅都的為官執法風格，除了比較嚴峻外，基本上他在處事上，應當是已經非常符合呂本中所提出的「當官大要，直不犯禍，和不害義」及「非本私心專為己也」的為官原則。但是，最終，郅都卻沒能得到善終。

儘管他防守雁門關，已經成功的阻擋了匈奴的入侵，讓匈奴絕對不敢越雷池一步。然而痛失長孫的竇太后，卻根本不願考量郅都究竟是不是個難得的人才。無論如何，私心甚重的竇太后還是非逼著漢景帝必須將郅都置於死地不可。

為什麼會如此發展呢？關鍵就在「在人精詳斟酌之爾，然求合於道理」上，郅都顯然是從來沒有用過心思考好好琢磨過。以至於他在奉公執法之外，竟沒有找到能達成公領域與私領域平衡的樞紐點。

郅都是個有才幹，又肯苦幹實幹，不可多得的執法人才。更難能可貴的是，郅都還能文能武，他不僅能將法律條文深究得非常細膩，還對哪些仗勢已久的權貴也敢公正執法，全然毫不懼怕權貴。無論是任何一個時代的領導人，都會希望能得到這樣的人才，也無不希望能對他託以

更多的重任。

　　但問題是，郅都或許是太剛正不阿，以至於他在為官處事上，缺乏人情，似乎只知道要認真做事、忠於國家、奉公守法、秉公辦理，但做事卻又似乎太欠缺詳密的衡量輕重，以至於漢景帝交在他手中的皇長子，郅都竟絲毫都沒有考量到。一向養尊優慣了的皇長子劉榮會不會因為承受不了壓力而選擇走上絕境？雖然郅都所審理的多半是重刑犯；但劉榮所犯的並不是件重大犯罪，加上劉榮的罪證已經確鑿，縱然要審理，也不必像其他的重犯那樣的嚴厲而不近人情。

　　而郅都一向公事公辦慣了，才會對漢景帝特別送來的皇長子劉榮，竟然絲毫沒有多留點心眼。劉榮在中尉府的監獄裡，竟然能夠自殺，身為中尉府的最高負責人，難道就不該負一點政治責任嗎？竇太后如此惱怒郅都，也並非全然沒有道理。

　　畢竟郅都在審理過程中，沒有考量到比例原則，沒有權衡劉榮犯罪情節的輕重，也沒有考量到劉榮的抗壓力程度，更忽略了皇長子想給當今的皇上寫封書信謝罪，無論如何，都應該先向漢景帝呈報，由漢景帝裁決，定奪能不能給劉榮紙、筆。但是，郅都似乎只管劉榮是不是罪犯，其他事則一概全不願理會，不再精詳斟酌考量。

　　劉榮能在中尉府的監獄裡自殺，無論如何，郅都是難以推卸責任。唯獨可惜的是，像這樣執法能臣，卻因為處事欠缺權衡輕重，以至於因劉榮自殺而被論處死罪。

　　權衡案情輕重，均衡法律與人情兩端，何等不易。無論如何，本案對於漢景帝，或是郅都自己，都是令人非常遺憾的無言結局。

重視文書作業，預防被中傷

一　前言

凡走過必留下痕跡，處理過的公文書必然會留下證據。不論何種形式的文書作業與程序，一定會留下跡證。有的官員刻意留心顯山露水的痕跡，甚至有意斧鑿修正文字，或故意提早、延後簽押時日，但是上有「政策」，下必有其「對策」，終究還是難逃日後東窗事發後被追查的跡證。因此，古有「一字入公門，九牛拔不出」明訓，過去才有左右胥吏、師爺的傳統相助，都說明了文書作業的不易，以及其中不為人知的奧秘。

西漢時期張湯，從基層一名小公務員，做到中央政府僅次於丞相的御史大夫，他從事的公務，都不外是立法、執法的司法專業工作，最後卻仍敗在司法文書，而被人誣告，可見官員光是自身廉潔外，仍有不足之處。

宋代呂本中《官箴》第八則裡，特別警惕所有的官員，除了要廉潔自愛外，還要格外「關防小人」。尤其「文字歷引之類，皆須明白，以防中傷」。何以如此呢？《史記・酷吏列傳》所記載的酷吏群有十餘人，其中最知名的張湯生平事跡，最能概括此中要義。

本文先針對呂本中《官箴》的第八則內容，進行內容釋義；其次再列舉張湯為政、做人的史實為例，以說明其中要旨。

二　文本內容釋義

> 當官既自廉潔，又須關防小人，如文字歷引之類，皆須明白，以防中傷，不可不至慎，不可不詳知也。（《官箴》第八則）

為官要廉潔，一直是古今中外所有官員最基本、最重要的品格要求，也是各級政府機關的核心價值；但公務員也必須明白，除了自身潔身自愛外，也要謹慎地提防別具用心的小人，不能完全信任他人。呂本中特別提醒為官者，凡是要有留底的檔案及記錄，都要很清楚地知道自己記錄的內容為何？記錄的是否明確？絕不能讓有心人士從中找出疑點，而被蓄意中傷。也就是說，官員除了個人的言行坐臥要特別謹慎小心外，對於一切文書作業同樣不能掉以輕心。

當今媒體報導為求新聞性，無所不用其極都能無中生有、捕風捉影，更何況是已經發生的事實呢？媒體或是有些好事者，或想中傷他人的小人，肯定都會睜著比常人更多的心眼，無不俟機找出別人的過犯。因此，為官之人縱然要認真處理公務，但也不能不謹慎小心，特別要提防可能遭到小人的陷害。

但是，究竟要如何提防呢？呂本中的經驗之談，一是行為上要廉潔自愛；二是在文書的記錄上，必須嚴謹、慎重。自己必須非常清楚所記錄的內容為何，平時也應當養成良好的敏感度和熟稔公文處理流程，才不至於在文書的記錄上發生錯誤百出的現象，或遭到小人捉住小辮子的機會。為官者對於這兩點，一定要謹記在心，才能盡可能地避開許多不必要的禍患。

三　疏於關防小人的酷吏張湯

　　漢武帝時期的重要酷吏之一張湯，因為檔案文書的記錄，留下漏洞，以至於與張湯有嫌隙的李文，[1]才能蒐集到相當的證據，隨時伺機全力對付他。但張湯不僅是文書記錄留下了漏洞，其為官風格也有些令人詬病之處，故而最終處理一個李文案件，反倒致使他被逼上自殺的道路。

　　為了能更清楚說明這段歷史，本文先從張湯的發跡談起，再逐一說明張湯遭到控訴，及張湯殺害李文等一系列的歷史經過。

張湯發跡的起始概述

> 張湯者，杜人也。其父為長安丞，出，湯為兒守舍。還，而鼠盜肉，其父怒，笞湯。湯掘窟，得盜鼠及餘肉，劾鼠掠治，傳爰書，訊鞫論報，并取鼠與肉，具獄磔堂下。其父見之，視其文辭，如老獄吏，大驚，遂使書獄。父死後，湯為長安吏，久之。

　　張湯是陝西杜陵人（今陝西省西安市）。他的父親是長安縣的縣丞，也就是一個主管司法的小官員。在張湯幼年的時候，有一天他父親外出辦事，留下張湯看家，等張湯父親辦完事情回來時，發現家裡的肉竟被老鼠偷吃了。張湯父親誤以為是張湯偷吃的，就把張湯狠狠地揍了一頓。張湯無緣無故挨了一頓毒打，覺得冤枉又憤怒。他的父親打完張

1　張湯手下的御史中丞，對張湯一直心懷怨恨，千方百計地從張湯與朝廷往來的公文書中找出毛病而予以中傷。

湯後，接著又出去辦事了。

張湯就在家裡到處挖鑿老鼠洞，最後終於找到了偷吃肉的老鼠，逮捕了準現行犯老鼠，鼠贓俱獲。抓到這隻偷肉的老鼠後，張湯先將老鼠綑綁起來，把贓肉放一邊。這個時候，張湯雖然只是個小孩子，辦起案來卻十分當真，舉止像法官似的，就坐在一旁審理起鼠犯。

張湯審理老鼠的過程，一點也不含糊，舉凡拷打、偵訊、記錄，詢問、判決，到最後判死刑，行刑殺鼠分屍。張湯全都按照刑事司法程序進行，也記錄得非常詳實，簡直就像是個經驗十分老到的獄吏所為。

後來張湯的父親回家了，正好看到張湯正在審判鼠犯，就立在一旁靜靜觀看，看完這一幕偵審過程以後，他直覺得這個兒子將來是個當獄吏的料。於是，張湯的父親便決定，以後不讓張湯學別的，就專門學判決案件的司法文書。從那時候起，張湯便走上獄吏之路。

起初張湯是在長安縣做一個小吏，然而幾年以後，張湯一步步地努力往上攀爬，一直做到九卿的職位，進而升任尊貴的三公，並深得漢武帝的賞識，而成為漢武帝時期最為有名的酷吏。

張湯後來甚至還成為漢武帝極為倚重的國政寵臣，從一次張湯和漢武帝商談財政改革的會談上，即可看出漢武帝究竟有多喜愛張湯。依據《史記·酷吏列傳》記載：

　　湯每朝奏事，語國家用，日晏，天子忘食，丞相取充位。

雖然改革財政的政策不是由張湯提出的，但漢武帝既然要反擊匈

奴，國庫就需要提供非常多的錢財。需要錢幣大量支出，勢必會增加國家財政不少負擔，財政上就必須提出重大改革計畫，以充實國庫稅收。張湯了解漢武帝的需求和心思，因此，張湯非常堅定地配合漢武帝的意旨，大力支持財政改革。

某一天，張湯一上朝就跟漢武帝商談財政改革措施，兩人談得太投機了，竟然談到太陽偏西了，漢武帝都不知道用餐時間。張湯在朝廷的重要性，比任何大臣還要高，司馬遷如此形容：「天下大事都取決於張湯，當時的丞相都已成了擺設，全是由張湯說了算。」除此之外，有一回張湯病了，漢武帝還親自到張湯家裡去探病。觀此二事，漢武帝與張湯二人君臣的關係親密，不言而喻。

張湯之所以能深受漢武帝喜愛，有一個極其重要的原因，便是張湯太了解漢武帝的心思。只要是漢武帝想做的事，張湯一定全力支持，還會極力執行到底。正因為如此，張湯便成了漢武帝時期極其重要的酷吏；為了成全漢武帝的心意，張湯便利用他廷尉的職權，殺掉了不少人。因此，張湯在政壇上，自然也就得罪了不少人。後來丞相莊青翟手下的三位長史重要祕書──朱買臣、王朝及邊通，三人決定聯手集中火力對付張湯，要先找出張湯的罪證。

三位代理長史控告張湯洩密

那麼這三個卑鄙小人，究竟是如何聯手鬥垮張湯的呢？事情的始末，要從漢武帝元鼎二年談起。丞相莊青翟手下有三個代理長史，三個代理長史聯名上疏給漢武帝，控告張湯把國家絕密的商業情報，洩露給了商人田信，田信又是張湯的好朋友，他們合謀獲取許多非法利益。

漢武帝在接到這份控告狀時，只是將信將疑，就問過張湯，試探張湯的口風，看看這究竟是怎麼一回事。張湯聽見這事，一點也沒慌張，反倒輕鬆地回答漢武帝，說：「不知為何，總會有一些商人在政府頒布政策之前，就能夠猜到我們的意圖。於是他們就先囤積貨物，等新政策一頒佈，他們就把貨物給拋售出去，便賺了一大筆錢。我也一直感到非常疑惑，他們似乎事先得到某些人事先外洩的公務機密，否則怎麼會有這麼湊巧的事呢！」漢武帝聽了之後，不再懷疑張湯，反而是順著張湯的話說，那可能是真的有其人，暗中洩露了國家財政改革機密。

酷吏減宣控告張湯聯合魯謁居謀害李文

三長史的控告雖對張湯起不了任何影響，但是緊接著又有一個叫減宣的酷吏，也上奏章控告張湯，這件事情主要記載於《酷吏列傳》：

> 湯有所愛史魯謁居，知湯不平，使人上蜚變，告文姦事，事下湯，湯治論殺文，而湯心知謁居為之。上問曰：「言變事，蹤跡安起？」湯詳驚曰：「此殆文故人怨之。」謁居病臥閭里主人，湯自往視疾，為謁居摩足。趙國以冶鑄為業，王數訟鐵官事，湯常排趙王。趙王求湯陰事。謁居嘗案趙王，趙王怨之，並上書，告：「湯，大臣也，史謁居有病，湯至為摩足，疑與為大姦。」事下廷尉。謁居病死，事連其弟，弟繫導官。湯亦治他囚導官，見謁居弟，欲陰為之，而詳不省。謁居弟弗知，怨湯，使人上書告湯與謁居謀，共變告李文。事下減宣。宣嘗與湯有郤，及得此事，窮竟其事，未奏也。

酷吏減宣控告張湯，說張湯和他一個下屬的御史，名叫魯謁居的，合謀害死了李文。當時張湯是任御史大夫，李文是御史中丞，兩人有上下級隸屬關係，但李文和張湯相處得並不好。李文對張湯始終心懷怨恨，於是他便經常從御史臺辦公室裡，不斷地蒐尋相關文書，千方百計地想從這些文書中，找出對張湯不利的證據。

張湯儘管做事再謹慎，但他畢竟還是存有私心，有時也會利用執法機會，藉機除掉政敵。因此，李文從相關的檔案紀錄裡，找出張湯在執法上有疑點的一切文書紀錄。李文再將這些紀錄，全部整理好以後，準備以這些紀錄來控告張湯，好一舉將張湯擊倒。其實，張湯也知道李文暗中在做什麼勾當，但是張湯並沒有太在意這件事，但張湯的一個親信魯謁居察覺這事後，就想要幫助張湯除掉李文，準備先下手為強。

魯謁居於是寫了一封匿名信，上呈給漢武帝，這個匿名信裡寫的內容十分具體，都是控告李文的不法情事。漢武帝將這封匿名信交給張湯審理，張湯就借著審理的機會，判李文死罪而殺了李文。漢武帝曾問過張湯，這封匿名信究竟是誰揭弊的，怎麼會對李文的罪行如此了解？張湯其實也知道，控告李文的人，就是他最信任的魯謁居，但張湯心裡非常感激魯謁居，豈會出賣這位忠於他的下屬。張湯只是含糊地回答漢武帝，說：「這大概是熟識李文的人，因為怨恨他，才會把他的罪狀蒐集得這麼詳盡吧！」

不久之後，魯謁居生病了，張湯親自到魯謁居家裡去探望。張湯不忍魯謁居生了重病，還親自為魯謁居做足部按摩。由此可見他們兩人交情，已是到了多麼深切的地步。本來這事也沒什麼，但張湯親自為魯謁居按摩這事，竟然被漢武帝的哥哥趙王劉彭祖知道了。

劉彭祖對張湯和魯謁居早已懷恨在心，一直苦無機會除掉他們，於是劉彭祖便派人一直很嚴密地監視著張湯和魯謁居的行動。然而，劉彭祖為什麼要這麼怨恨張湯及魯謁居呢？原因就在他們二人的嚴竣執法，斷絕了趙王劉彭祖最大宗的財路。本來趙國就是一個盛產鐵礦的地方，煉鐵也就成了趙國獲取財富的最大宗來源。但漢武帝為了增加國家稅收，便進行了一系列的經濟改革，其中有一條就是鹽、鐵官營，也就是賣鹽、冶煉鋼鐵等營利事業，都必須由國家來經營，地方諸侯再也不能直接從事營利行為。這道政令下了以後，就等於斷了趙王劉彭祖最重要的財源，趙王非常的不爽，便常常和哪些派來趙國監督煉鐵的中央官員發生嚴重衝突。這事鬧騰得太大了，甚至還被告到中央政府去。

　　此時負責執法的御史大夫張湯，依法當然是站在中央政府這方，更得要祖護中央官員，劉彭祖由此非常怨恨張湯。至於魯謁居，則是因他曾被派到趙王劉彭祖身邊，負責查辦趙王不法的案件，所以趙王對魯謁居也是極其不滿。為了報復他們二人，趙王劉彭祖竟暗中派人監視張湯和魯謁居的行蹤，跟蹤結果發現張湯到魯謁居家，竟然還親自為魯謁居按摩足部。劉彭祖於是上書漢武帝，密告這事，並說他懷疑張湯和魯謁居之間，肯定是做了哪些非比尋常而不可告人的勾當。趙王是漢武帝的哥哥，怎麼說他所告的狀，肯定引起漢武帝的重視。於是漢武帝就把這個案子，批交由酷吏減宣來審理。

　　恰巧的是，在審理這件案子時，魯謁居病死獄中。本來魯謁居死了，這事也就沒什麼可以查下去的了。但減宣畢竟是個酷吏，沒了魯謁居，他便將案子牽連到魯謁居的弟弟身上，於是魯謁居的弟弟被減宣給關押在監獄。張湯到監獄裡去提訊人犯時，見到魯謁居的弟弟，魯謁居的弟弟一看，是他哥哥的好友張湯，就想張湯會幫他脫困。

　　　　　　　　　　　　　　　　　　　　　官箴與史記的對望

張湯內心當然是想幫魯謁居的弟弟，但又怕這事會洩密，便假裝不認識他。魯謁居的弟弟並不了解其中的微妙心思與張湯的苦心，誤以為張湯過河拆橋，竟想翻臉不認人了。於是魯謁居的弟弟在盛怒之下，給漢武帝寫了一封奏章，把張湯和魯謁居如何勾結害死李文的事，全部給抖了出來。

減宣過去本來就與張湯有過節，如今有了魯謁居弟弟寫來的檢舉信，他豈能輕易放過張湯。果然，減宣便開始發揮他查案的本領，把張湯和魯謁居兩人，如何合謀害死李文之事，徹查得一清二楚。查完以後，漢武帝便認定張湯是個奸詐之人，於是就派了八批使者，拿著罪證去找張湯，一件一件的與張湯對質。

張湯畢竟也是個精明幹練的酷吏，縱然減宣已將案情查得清清楚楚，八批使者也接二連三的來審問他，但十分熟悉司法流程的張湯，始終拒不認罪。最後漢武帝派出酷吏趙禹親自審理張湯。

趙禹來到後，便斥責張湯，說：

> 君何不知分也。君所治夷滅者幾何人矣？今人言君皆有狀，天子重致君獄，欲令君自為計，何多以對簿為？

趙禹責備張湯說，你為什麼不知道其中利害呢？你過去殺了多少的人，有多少人怨恨你啊！如今有這麼多的人在控告你，而且告狀的人，個個都提出明確的證據。現在皇上又派了那麼多使者來詢問案情，如此興師動眾，便說明皇上早已認定你是有罪的。皇上不過是不便自己動手逮捕你下獄，皇上的心思，你張湯應該是最明白的，他只是想讓你張湯

自行了斷。既然如此，你又何必再去一條一條的逐一答辯呢？

張湯反控三位長史誣陷，要他們加倍奉還付出代價

趙禹已經把話說到這份上了，張湯心底便已十分明白，漢武帝是不要讓他存活了。既然如此，張湯也只好順從他一向最是忠心的漢武帝，以自殺了卻此生。但儘管得死，張湯也要死得甘心情願，於是張湯就向趙禹要了紙和筆，要給漢武帝寫信謝恩。這封信中即說道：

> 湯無尺寸功，起刀筆吏，陛下幸致為三公，無以塞責。然謀陷湯
> 罪者，三長史也。

張湯說，我並沒有像一般將領那樣，在沙場上作戰殺敵，而立下任何軍功。我出身卑微，只是個擔任司法部門的小吏。但幸運的是，我竟然能得到皇上的器重，才有機會做到位列三公的高位。皇上對我的恩德我都還沒報答完，如今卻要先走一步了。儘管如此，我還是要聲明一點，今日害死我的，就是那三位代理長史（丞相莊青翟手下的那三個長史）。寫完這封信後，張湯就自殺了。

張湯死後，他的弟弟及孩子們都想要厚葬張湯，但卻被張湯的母親出面阻止。張湯的母親說：「湯為天子大臣，被汙惡言而死，何厚葬乎！」意思是說，張湯是皇上的御前大臣，他是受誣告而被害的，在沒有還給張湯一個清白前，怎能厚葬呢？

張湯的母親要用張湯的葬禮，來向天下宣告，張湯是位忠臣，他是被誣陷而死的。當今的皇上，必須還他兒子一個公道。於是張湯的家

人，便以薄棺，在荒郊野外簡單地埋葬他，張湯死後連個棺槨都沒有，更別說是有任何陪葬品。

張湯死後，漢武帝還是派人去查抄了張湯的家，但抄家的結果，卻發現張湯是個清官，他家裡總財產，只有五百金。這五百金都只是張湯的俸祿和皇帝的賞賜，根本沒有所謂洩漏機密給商人而獲取不法利益，豈有外傳賄賂贓款或其他不法所得。漢武帝得知此事後，心裡大概既後悔又十分難為情，便感慨地讚揚：「非此母不能生此子！」漢武帝說，若不是張湯有這樣深明大義的母親，怎能生出來這樣廉潔自律的兒子！

漢武帝認為張湯被害一案，肯定另有隱情，就派人深入追查，果然查出是三長史聯名誣告。漢武帝相當震怒，便下令將三長史全都殺死。漢武帝下達這個命令後，三長史的上級長官丞相莊青翟，也懼怕株連而自殺了。因為莊青翟和三位代理長史要誣告張湯，也純粹是為了個人與張湯的私人恩怨，這事讓漢武帝給查明真相，他們四人還有存活的餘地嗎？

張湯與莊青翟的恩怨糾葛

但問題是，張湯究竟是在哪件事上得罪了丞相莊青翟呢？

> 會人有盜發孝文園瘞錢，丞相青翟朝，與湯約俱謝，至前，湯念獨丞相以四時行園，當謝，湯無與也，不謝。丞相謝，上使御史案其事。湯欲致其文丞相見知，丞相患之。三長史皆害湯，欲陷之。

當年曾發生漢文帝陵寢園林中，有貴重陪葬品遭竊。當時朝廷的兩位重臣，一個是丞相莊青翟，一個是御史大夫張湯，除了需商量如何處理此事，還得去面見漢武帝報告，以承擔自己在職務上的疏失責任，並請求漢武帝能從寬發落。兩個人商量好了，等到兩人要去晉見漢武帝的時候，張湯卻突然臨時變卦。張湯發現丞相有一項職責規定，就是要在每一個季節定期巡視陵園，因此陵園裡的錢被偷盜，應當是屬於丞相管理不力的責任，與他御史大夫無關。於是，張湯決定自己不必認錯。等到見了漢武帝，丞相莊青翟便依照和張湯原來的商議，在漢武帝面前先罪責自己一番。但輪到張湯說話時，張湯卻毫不認錯，漢武帝於是就把這個陵園被盜案，交給了御史去調查。而御史的上級就是御史大夫張湯，如此這個案子反而落到張湯手上審理。

　　張湯起初只是不想認罪，好與這件陵園偷盜案劃清界線，但後來他審理這個案子時，便動了心眼，竟想借此竊案羅織罪名，法辦丞相莊青翟。張湯於是控告丞相莊青翟知罪不報，有故意放縱偷盜的罪名。張湯的這個舉動，就把丞相莊青翟給惹毛了，丞相莊青翟感到非常的憤怒，但是，張湯畢竟是漢武帝眼前的大紅人，如何動得了他呢？

　　丞相莊青翟雖整治不了張湯，但他手下有三個代理長史，這三位代理長史原來都位居高官，犯了罪後，才降級成為丞相府的代理長史。張湯過去本來是他們三人的部屬，現在他們反而屈居劣勢，還被羞辱，所以三長史對於張湯也是恨之入骨，總想找機會出這一口惡氣。此時，正好遇上張湯要懲治丞相莊青翟，三位長史就告訴丞相，說張湯想加害你，目的是為了想搶奪你的位置。三位長史還告訴丞相莊青翟，說他們很清楚知道張湯有哪些見不得人的事。於是三人才會聯名上奏，控告張湯與商人有所勾結，說張湯向商人洩露國家的商業機密。但這事在張湯

官箴與史記的對望

死後，經過調查才知道純屬誣告，而使張湯涉嫌官商勾結之事，得到了平反。

四　結語

平心而論，張湯的確是一位極其廉潔的好官員，他已位極三公的高官，但直到死去後，家中所留財產，只有五百金。張湯全力支持國家財經改革政策，執法使命必達，因此深得漢武帝的信任，持續深入參與著國家財政的重大改革。儘管如此，張湯也從未因職位之便利，勾結商人，謀取自己的利益。

如此廉潔的官吏，確實是史上極為罕見的楷模。但遺憾的是，張湯身為執法人員，又如此深得漢武帝的重視，卻難免想利用職務之便對付小人。加上張湯本人或其屬下御史在檔案文書的撰寫上，思慮又不夠周延和慎重，故而給了他的部屬李文機會，可以從所有檔案資料中，蒐集到不利張湯的證據，用來對付張湯。若非如此，魯謁居又何需幫張湯陷害李文呢？若沒謀殺李文，三位代理長史和酷吏減宣，又豈能有機會對付張湯呢？

張湯的失敗，確實值得我們後人引以為誡。凡走過必留下痕跡，尤其在公務文書的撰寫上，以及所有刑事司法案件的偵訊筆錄等特種文書，都會成為國家檔案，這些俱是檢驗公平正義的證據。因此，調查偵審時用字遣詞，絕對要謹慎小心，「文字歷引之類，皆須明白，以防中傷」，方能防範有心小人的攻擊。

慎選工作環境，遠離貪汙誘惑

一　前言

　　風紀良窳是公務員的命脈，新任公務員必須慎選工作環境，才能遠離貪汙的誘惑。漢朝初年的陳平處事態度，就是個好案例。

　　近半世紀以來，每位警察首長上任後的經典名言——風紀是警察的命脈。警察勤務艱苦，工作日夜顛倒，在外執行勤務又具有高危險性，並不是一般人所能勝任，任誰也不會否認此一事實。警察對國家安全、社會安定，進而為經濟發展奠基，也是無人異議。

　　警察迅速破獲重大刑案，立即安定民心，更受到輿論的喝采，以及民眾的讚許。但是，只要發生一件警察重大風紀案件，如收受不當招待、賄賂，包庇不法而被檢調單位一再大舉搜索，進而偵訊、起訴、判刑定罪，每次媒體無不大幅報導，警察團體的血汗奉獻，此時此刻全部被一筆勾銷，實在令人痛心。

　　每次逢年節前夕，法務部等各廉政機關，必會先運用多元管道，加強宣導「公務員廉政倫理規範」，要求公務員對於與職務有利害的個人、法人或團體餽贈或邀宴，除另有規定外，應予拒絕，並落實知會登錄程序。自古以來清官成為美談，理由盡在其中。

　　宋朝呂本中的整本《官箴》，其實都不外乎圍繞「清、慎、勤」這

三大核心價值論述。但呂本中認為「清白」、「清廉」、「廉潔」的「清」這一點最為重要。尤其是初任官職的後生晚輩，特別得要堅守這個極為重要的品格特質。

呂本中為了要加強官員能特別重視這個「清」字，便一而再、再而三的不斷苦口婆心強調，廉潔究竟是有多麼的重要。他引用「故人龔節亨」的名言，就是提醒世人：「後生當官，其使令人無乞丐錢物處，即此職事可為」。究竟這段內容應當要如何去理解？在《史記》中又有哪些人物或事件，是可以作為我們學習的借鏡？本文將進行細部的梳理和說明。

二 文本內容釋義

> 故人龔節亨彥承，嘗為予言：「後生當官，其使令人無乞丐錢物
> 處，即此職事可為；有乞丐錢物處，則此職事不可為。」蓋言有
> 乞丐錢物處，人多陷主人以利，或致嫌疑也。（《官箴》第三十二
> 則）

呂本中的老朋友龔節亨，字彥承，他們都是宋、明時期的理學家。「乞丐錢」是一種誇飾的說法，表示可以得到的油水或是回扣，但所得並不多。龔節亨特別用「乞丐錢」這麼誇張的說詞，就是在強調不管是在哪個單位，也不管是可以拿到的油水有多少，即使是少得可憐，就像是在街頭伸手向人乞討的乞丐一樣，沒有尊嚴可言。但是只要當上了公務員，身在公門，無論如何都要謹守著「清、慎、勤」等為官的三大核心價值，寧願清廉到底，也絕對不願違法去拿取一分一毫的不義錢財。

由此我們便可理解，這段內容是呂本中述說：我的這位老朋友龔節亨，曾經對我說過：凡是剛到任的後生晚輩官員，這些人當中，有的甚至還可能是第一次踏入官場，他們不一定只是年輕人。而龔節亨所強調的是生命經歷和這個人的年齡，其實未必有著必然關聯，為了避免他們遭到誘惑或迫害或被誣陷，最好的辦法，就是別讓他們有機會到可以拿回扣和油水的地方去任職。即使油水非常微薄，如同乞丐要錢一樣，實在是少得可憐的油水，也同樣不是初任人員所該赴任的地方。也就是說，新官上任的最好去處，就是一窮二白的地方。到這樣的地方擔任官職，雖然在常人眼裡看起來很不風光；但是，對於剛上任的官員卻是最有保障，也是最為安全、合適的職位。

　　若是被分發到有油水的地方做官，這職位一定充滿危險和誘惑，就不適合剛上任的後生晚輩。為什麼會這樣說呢？因為即使是極其微薄的油水，人的貪慾非常容易被不義之財所誘惑，久而久之耳濡目染，更會認為理所當然，甚至還會鬼迷心竅的主動加碼要求對方行賄，或者為了想得到更多的錢，連自己的頂頭上司也敢出賣，這些都是很難預料的事。

　　有些人根本什麼錢也沒拿，或者從沒做過什麼壞事，但只因這個職位太有機會被賄賂或是被買通，反而容易遭到上層長官的猜疑。光是從這兩點來看，有油水可撈的地方，對於一位剛上任的地方官員，難道不是容易淪陷的陷阱嗎？

　　值得一提的是，我們在研讀呂本中的《官箴》時，絕不能拘泥而死守著字面上的意義，必須要有靈活的思想和運用。在這一則內容中，要特別強調「後生當官，其使令人無乞丐錢物處，即此職事可為」，並不

是說所有不夠窮困的單位，後生晚輩就不能去做官。呂本中是以《老子》「正言若反」的觀念，提醒我們在看問題的時候，最好是能從反面的角度，去檢視平時比較容易忽略的問題。

此外，呂本中的整本《官箴》中，主要是在教導世人要做個肯負責任，又忠於職守，且堅守公義原則的好官員。要達到這樣的目標，就一定要從「清、慎、勤」的三大原則入手。其中「清廉」又位居第一，目的就是在提醒當官的人，第一要務就是要先戒「貪」。「貪」是為官的萬惡之首，一有了「貪」念，就會讓一個資質再好的人才，就忘了為官淑世、盡忠職守的美好初衷。官員如果連「清廉」自持都無法把持住，「慎」和「勤」的這兩大核心價值，也就不可能落實實踐。

宋代包公清廉，在當時及後世，名氣都很大，深受人民愛戴，其公正廉明的人格魅力更受世人推崇。包公赴任天長縣時，書寫一首「清心為治本」的五言詩，表明他的為官準則。他生活簡單，「雖貴，衣服、器用、飲食，如布衣時」。

包公擔任端州、知州期間，不收一塊端硯貢品，離任時，「不持一硯歸」。歐陽修讚美包公：「清節美行，著自貧賤」。他對親屬犯法，也秉公處理，其為官公正廉明，完全符合「清、慎、勤」的典範，世所罕見，幾已超凡入聖。

三 行走鋼索的陳平

秦朝末年，陳勝、吳廣在安徽大澤鄉揭竿起義後，才半年左右的時間，長江以北地區豪傑紛紛響應，四處對抗暴秦。這樣戰爭四起的亂

世，反而給貧窮到極點的陳平，提供了發揮所長的大好舞臺。陳平先是去投靠魏國王室的後裔魏咎，但陳平待在魏國的時間並不長，因為魏王從不聽取陳平的提議，之後又有人向魏咎進陳平的讒言，陳平便因畏讒發酵而離開了魏王。

兩年以後，項羽完勝鉅鹿之戰，經過陳平的家鄉原陽，陳平就加入項羽集團，跟隨項羽一道攻入函谷關。當時項羽所分封十八路諸侯，其中有個殷王司馬卬；當劉邦還定三秦殺出函谷關以後，司馬卬見劉邦勢力強大，就叛楚歸漢。項羽很生氣，就派陳平去平叛，陳平領兵去打敗了司馬卬，殷王司馬卬就此又歸順項羽。但後來劉邦又打敗殷王司馬卬，司馬卬又投向劉邦。司馬卬又叛楚歸漢，讓項羽非常生氣，項羽就想殺掉當年替他平定殷地的將士們。陳平一見項羽動了殺機，就把項羽平時賞賜給他的金錢和官印，全都封好，派專人璧還項羽後，趕緊渡過黃河逃到劉邦陣營。

到了劉邦陣營後，陳平透過劉邦手下一個名叫魏無知的謀士，將自己推薦給劉邦。劉邦這次所召見的不只有陳平一人，而是一口氣召見了七個人。面試以後請他們一塊兒吃飯，吃完飯後劉邦什麼話也沒多說，就要他們全都回去休息。

陳平覺得若是錯過這樣難得一見的機會，就乖乖地走了出去，劉邦豈不再也沒機會發覺他是位人才嗎？所以陳平不肯一起離開，他說了一句現在常說的「電梯簡報」，亮眼而吸睛，便立刻被留下來，單獨與劉邦相談甚歡，劉邦當天馬上加封陳平為都尉（陳平在項羽那裡擔任什麼官，劉邦就封他做什麼官）。

陳平投奔劉邦第一天，就被任命為都尉，這是軍中很重要的職務，

許多將領當然不服。後來周勃和灌嬰等核心將領就向劉邦進讒言，指控陳平這個小子有汙點——「盜嫂、受金」，也就是說陳平和他嫂子有姦情；另外，陳平來這兒做官後，接受了很多將領送給他的賄賂，誰送的錢多，他就給誰好處多；誰送的錢少，給誰的好處就少。再說，陳平先是跟從魏王，之後又跟隨項王；跟隨項王不行了，才又逃到漢王這裡來，陳平顯然是個反覆無常的小人。

劉邦聽了很生氣，就把介紹人魏無知找來，問他怎麼能推薦這樣的人呢？魏無知一點也不慌不忙，反而心平氣和的回答：「臣所言者，能也，陛下所問者，行也。」——我推薦陳平給你，是他的才能，而陛下所問的，是他的品行。至於陛下究竟是想用陳平的才能？還是要用陳平的廉潔操守？就得由陛下您自個兒決定。

劉邦聽懂了魏無知的話，但並還不完全放心，就把陳平找來當面求證。沒想到陳平一點也不避諱，還非常直率的說：以前我投靠魏王時，跟魏王說的話，魏王全都不肯聽；後來轉投靠項王，跟項王提的建議，項王也不信任。之後，我聽說漢王您非常善於用人，於是我就來投奔您了。

至於「受金」這事，陳平很坦白承認。陳平解釋，我當時是一無所有的裸身前來投奔您的陣營，身上一分錢都沒有，要是不收取一點錢，我吃什麼又喝什麼呢？我確實是接受了將領們的賄賂，但也是用在軍事監察工作上啊！現在請您考慮一下，我是您的謀士，我所提的計策，您若是覺得可用，就請留下我；若是認為不可用，我收的錢和官印會全部留下，立即離開。劉邦聽完以後，覺得陳平不僅坦率，也確實是個人才，反而更相信陳平。對於陳平「受金」這件事，劉邦完全不再計較。

經過了這件「受金」事件後，最可貴的是，劉邦並沒有懷疑陳平的人格，反而在金錢上，竟然還願意給予陳平很大的用度空間，更大的使用彈性。這個歷史事件發生在漢三年，劉邦與項羽在滎陽會戰時，由陳平獻計用重金，以離間項羽君臣的計謀，記載於《史記·項羽本紀》：

> 漢王之敗彭城，諸侯皆復與楚而背漢。漢軍滎陽，築甬道屬之河，以取敖倉粟。漢之三年，項王數侵奪漢甬道，漢王食乏，恐，請和，割滎陽以西為漢。項王欲聽之。歷陽侯范增曰：「漢易與耳，今釋弗取，後必悔之。」項王乃與范增急圍滎陽。漢王患之，乃用陳平計間項王。項王使者來，為太牢具，舉欲進之。見使者，詳驚愕曰：「吾以為亞父使者，乃反項王使者。」更持去，以惡食食項王使者。使者歸報項王，項王乃疑范增與漢有私，稍奪之權。范增大怒，曰：「天下事大定矣，君王自為之。願賜骸骨歸卒伍。」項王許之。行未至彭城，疽發背而死。

漢王二年的春天，劉邦率領了五十六萬聯軍，直搗項羽的故鄉彭城。四月，劉邦的聯軍就已經占領了彭城。這次劉邦所以能夠順利取勝，最主要的原因，是項羽這時候並沒有駐守在彭城，他已經領軍北上，去平定齊國的叛亂。因為項羽不在家，才給了劉邦有機可乘而輕易攻占彭城的大好機會。等項羽夜以繼日突然殺回彭城，才一個上午的時間，漢軍就被項羽痛擊敗散，導致劉邦竟然只能和十幾個親信，倉促逃亡。

彭城兵敗以後，漢軍的氣勢，如雪崩式滑落，投靠劉邦的各個諸侯王隨即改弦更張地背叛漢王，使得劉邦在局勢上，頓時陷入極度的弱勢，漢軍士氣十分低迷。儘管如此，劉邦並沒有氣餒，他將軍隊駐紮在

榮陽，積極構築運糧的甬道與黃河相連，以利運輸敖倉糧食。但這後勤戰備工事進行沒多久，被項羽察覺。漢王三年，項羽多次領兵侵略甬道，使漢軍糧道被阻，無法順利運糧，導致漢軍糧食短缺。劉邦再次陷入危機，只好向項羽請和，提出以榮陽為界：將榮陽以西劃歸給漢王，榮陽以東歸楚王管轄。

項羽本來是願意接受議和，但他的謀士范增，卻站出來極力阻止，說這時候漢軍正陷入缺糧的重大危機，最好對付了，若不及時攻下榮陽，以後肯定會後悔莫及。項羽覺得范增所言極有道理，便更加緊包圍榮陽，使劉邦的處境更陷入困境。

此時劉邦擔憂極了，便找來最愛出奇計的陳平商議對策。於是陳平向劉邦分析楚、漢雙方的局勢；分析完後，才獻上精心規劃的反間計。據《史記‧陳丞相世家》記載，陳平得時，便深入分析劉項雙方的優劣局面，他說：

> 項王為人恭敬愛人，士之廉節好禮者多歸之。至於行功爵邑，重之，士亦以此不附。今大王慢而少禮，士廉節者不來；然大王能饒人以爵邑，士之頑鈍嗜利無恥者亦多歸漢。誠各去其兩短，襲其兩長，天下指麾則定矣。然大王恣侮人，不能得廉節之士。顧楚有可亂者，彼項王骨鯁之臣亞父、鍾離眛、龍且、周殷之屬，不過數人耳。大王誠能出捐數萬斤金，行反間，間其君臣，以疑其心，項王為人意忌信讒，必內相誅。漢因舉兵而攻之，破楚必矣。

陳平強調，項羽最大的優點便是發自內心「恭敬愛人」，於是廉節之士和講究禮儀的人，都情願歸順項羽。但劉邦的個性正好與他相反，

為人常常傲慢不羈，又缺乏禮節，才會導致許多廉節之士多不願前來。不過劉邦有個極大優點，卻是項羽始終遠遠不及的。劉邦非常大度，對有功之人，都捨得賞給爵位和封邑；哪像項羽，老是「人有功，當封爵者，印刓敝，忍不能予」，都已準備好要分封出去的印信，還在項羽手中不斷地把玩，一直把玩到都磨掉稜角，還是捨不得封賞出去。不肯封爵位給有功的戰士，就算為項羽立下再多的戰功，又有什麼用呢？因此有些比較缺乏骨氣，惟利是圖的小人，就無法長期留在項羽帳下，而是情願爭著前來投靠劉邦。如今若要解決眼前的滎陽困境，除了得去掉劉邦自身的短處，發揮長處外，不妨再以重金對楚軍施行反間計，以離間項王君臣的互信關係。只要楚軍陣營自亂陣腳，他們的仗就打不下去了，漢軍便可趁勢取勝。

陳平還進一步分析，在項羽軍隊陣營中，最忠誠耿直的就是范增、鍾離眜、龍且及周殷這四個人。漢王只要肯拿出幾萬斤黃金，買通楚軍陣營，向他們施行反間計，便能造成謠言四起。項羽這個人一向猜忌心重，一定會聽信假消息而大起疑心，這樣就能引發他們內部相互殘殺。此時再派兵攻打，就能削弱楚軍實力。

劉邦聽了十分高興，也認為陳平確實說中了項羽要害，畢竟陳平曾經在項羽帳下擔任過都尉，對項羽的習性比誰都還了解。在反秦戰爭期間，劉邦曾經追隨過項羽一同攻打城陽（山東鄄城東南），也曾一起向西攻城略地，並在秦二世二年八月，協助項羽斬殺了三川郡郡守李由（李斯的兒子）。劉邦肯定也多少能察覺出項羽雖然非常憐愛士兵，但氣度確實比他狹小太多了，加上項羽猜忌心又重，如此下來，上下關係生疏，確實比較容易離間成功。

果真如陳平所言，劉邦比誰都大度，竟然能毫不猶疑地拿出了四萬斤黃金交給陳平，任憑他隨意處置。只要能離間成功，錢怎麼用？用了多少？劉邦絕不過問，也絕不干預。這事若發生在別人身上，或許不值得一提，但發生在陳平身上，就愈發顯出了劉邦的高超氣度。畢竟陳平才剛遭周勃、灌嬰這些老將軍向劉邦進讒言，說他「盜嫂受金」。這個謠言才剛落幕，陳平的操守還正值猜疑觀察的階段，劉邦竟然絲毫不忌諱，大筆一揮，就把四萬斤黃金全都撥給了陳平。這事，任憑是誰恐怕都難以辦到，但劉邦卻超乎尋常的開了先例。

　　陳平主要離間的對象，是項羽的謀士亞父范增及其猛將鍾離眛。陳平設計離間范增的手法其實十分簡單。當項羽使者來到劉邦陣營以觀察究竟時，劉邦就先讓人端上牛、羊、豬等上等美食，以表示極度的歡迎。等使者都坐定後，劉邦再假裝驚愕的說，原先還以為是亞父的使者，沒料到怎會是項王的使者。說完了話就下令將所有的美食撤去，換上粗劣的飯食，以羞辱項羽的使者。項羽的使者被羞辱，非常的生氣，回到楚軍陣營後，立刻跑去向項王告狀。項羽聽了也氣炸了，果然開始猜忌范增，也漸漸的取消一些范增的權力。

　　范增知道原因後，既失望又憤怒，於是就對項羽說，天下事大致已定，您就自個兒去幹大事，請准允我帶著這把老骨頭歸隱故鄉吧！范增這番極度失望又非常無奈的話語，竟然沒喚醒項羽的良知，也未能使項羽察覺自己已中了劉邦所設下的離間圈套。項羽未加慰留，竟然還無情又無知的允諾范增，任憑范增自個離去。范增實在太寒心、太心痛，在情緒極度失控的情況下，還沒有走到彭城，范增背上便生出毒瘡而死在回鄉的路途上。

但問題是，這麼膚淺的手法，為什麼能輕易的欺騙項羽？其實這也正是項羽最遠遠不及劉邦的缺點，項羽從來不知善聽，也從不知善問。項羽出身貴族，一向高高在上，不若劉邦雖是出身卑微，但很接地氣，明察人情事理。其實項羽只要多詢問出使過漢營的其他使者，或與范增來一段旁敲側擊的深度細談，就必定能發現其中的破綻。但項羽除太自信、太果斷外，過度的好勝心以及自尊心太強，都使得他只會憑著所見所聞，而斷定一切是非。

　　對於離間鍾離眛的手法，其實並不高明。陳平不過是在項羽最捨不得分封軍功大作文章罷了。據《史記・陳丞相世家》記載：

> 陳平既多以金縱反間于楚軍，宣言諸將鍾離眛等為項王將，功多矣，然而終不得裂地而王，欲與漢為一，以滅項氏而分王其地。項羽果意不信鍾離眛等。

　　陳平拿了大筆黃金，派人跑到楚軍陣營裡，買通了許多好利忘義的小人，在項羽的軍隊中大量散布謠言，說是鍾離眛、龍且大將軍替項王領兵作戰，已經不知立下多少戰功，但項王卻始終捨不得對這些將領們進行封賞。難道像鍾離眛、龍且這樣的大將軍所立的戰功還不夠多嗎？怎麼就得不到裂土封王的獎賞呢？聽說鍾離眛和龍且大將軍這些將領們，都已經十分不滿了，他們打算跟漢王劉邦聯合，一同消滅項王，以瓜分楚地，這樣他們就可以稱王了，何必非得要待在項王的帳下呢？

　　陳平離間鍾離眛和龍且等將領，手法雖極度平凡，但卻深深擊中了項羽的致命要害，他將項羽最大的弱點——捨不得分封獎勵，說得非常透徹。在項羽陣營裡，只有黥布被封為九江王，鍾離眛和龍且等將領卻

從來沒有得到封賞。陳平使用的是一石二鳥之計，倘鍾離眛和龍且等心有未甘，聽了這個謠言後，肯定會十分震驚。

但震驚之後，卻發現他們什麼事都沒做，項王竟已不再信任他們。如此下來，龍且和鍾離眛是否也會同韓信、陳平等人一樣也要逃離項羽陣營，這也是個未知事。即使鍾離眛和龍且等人太忠於項羽，這些傳言根本一點都起不了作用，他們仍舊堅持忠於項羽，但只要項羽對手下的將領都起了疑心，就一定會盡量少讓他們領兵作戰。沒了這些猛將的幫襯，就等於是給劉邦引來大量的救兵，即使滎陽危機一時還不能及時解除，卻也能讓漢軍陣營大大鬆了一口氣。

但不可否認的是，項羽的戰鬥力實在太驚人，即使范增、鍾離眛等人都被離間成功，導致楚軍陣營的人事起大風波，項羽卻依舊能征善戰。還是把劉邦打得招架不住，讓劉邦不得不再次召集陳平等人思考解除危機的辦法。為了能徹底解除滎陽之危，劉邦再度向陳平問計，陳平又想出救主之計，巧妙解除劉邦的滎陽危機。

陳平離開項羽陣營時，因為已經將全部錢財都還給項羽，才會導致陳平身上沒有任何錢財可用。他到了劉邦陣營以後，為了要生存下去，才不得不收取底層將士的賄賂。雖然陳平收受賄賂是情有可原，但要不是因為他所遇到的是極為大度的劉邦，陳平又怎麼能不受猜忌？倘若陳平還待在項羽陣營，他收受賄賂這件事，項羽能不大發雷霆嗎？從此以後，就算陳平再也沒收過賄賂，項羽還能再相信陳平廉潔？陳平既已到了劉邦陣營，他沒錢財可用，大可直接向劉邦陳情。難道劉邦能封陳平「都尉」這樣的大官，卻不能同對待韓信那樣，給陳平衣服穿，又給陳平東西吃嗎？

我們可以非常肯定的說，劉邦連黃金四萬斤都能輕易撥給陳平，吃飯、穿衣這等小事，劉邦又豈會捨不得提供給陳平？其實，陳平收受賄賂，實在是有些強辭奪理，幸而陳平遇到的正是大度的劉邦，如果換作是別人，早就得被逐出陣營，怎麼可能還會被一直重用到底呢？

四　結語

靠山吃山，靠海吃海。現在任何單位，很少會有窮困到連乞丐錢的油水都沒有。因此，後生晚輩為官，是否能堅守「清、慎、勤」，關鍵在一開始就要有堅強的心理建設。

此外，風紀是警察的命脈。到了新單位以後，同僚的教唆或取笑而誘引同流合汙，都是對自己意志夠不夠堅定的極大考驗。無論自己的處境究竟有多困難，都必須記得「廉潔」是人格的最大保證。我們讀了陳平的故事後，不管之後陳平有沒有再收受賄賂，相信大家對陳平的人格，多少都會心存猜疑吧？

至於忠誠又耿直的范增，他是項羽陣營唯一的軍師，實在是最令人同情。從太史公對范增的記載，我們絕對相信像范增這樣的人，絕不可能會收取劉邦的賄賂。因為范增太迫切的想殺掉劉邦，加上在鴻門宴上，劉邦讓張良代替他送給范增的禮物，范增都當場將它擊碎。范增根本不貪圖這些小利，他一心一意地只想輔佐項羽打敗劉邦，以稱霸天下。只可惜，范增所處的地位太重要，也太有可能收取賄賂的機會，加上項羽具有貴族多疑的個性，才會對最不可能也最不該猜忌的范增，剝奪其輔佐權力。

項羽竟然會因為劉邦所安排的一場飯局，便立刻猜忌范增可能想爭奪他的權力，進而懷疑范增恐被劉邦收買了。從這個歷史事件來看，後生當官，對「廉潔」一定要堅持到底。只有如此，才能避免不必要的誤解和猜疑，自己的理想和抱負，才有機會得到實現。

斷絕與裝神弄鬼的特定人士交往

一 前言

公務人員想要治理一方百姓，便不得不與地方各界人士有相當的接觸、互動、認識而了解。但擔任公職者畢竟職責重大，治民或牧民動見觀瞻，尤其執法人員的身分格外特殊。每日生活、工作，所有的言行一舉一動都會與公權力發生關聯。因此無論是與哪一方人士接觸，都應當要有既定的原則與規範，甚至必須保持一定的安全而適當的距離，才不致招來不必要的困擾與禍患。

內政部警政署曾明文規定，員警非因公不得涉足不正當場所，如舞廳、酒家、酒吧、茶室、賭場等不妥場所。此外，訂有不得與特定人士交往規定，目的在避嫌，避免無所謂的人情困擾及斷絕官民勾結的機會。

《官箴》特別提醒為官者，不宜與異色人交往，及巫、祝、尼媼之類的人接觸。原因便在於這類人皆屬於特異人士，若沒拿捏分寸得當，後果恐將會不堪設想。本文將針對這段重要告誡進行詮說；其次，再舉史上戰國時期的魏國鄴縣縣令西門豹為例，曾經成功破解巫、祝的騙術，拯救百姓於水火。他還能以科學方法，引領百姓解決困境，藉此說明公務員應有的機智，及應謹守的分際。

二 文本內容釋義

> 當官者，凡異色人皆不宜與之相接，巫、祝、尼、媼之類，尤宜
> 疏絕，要以清心省事為本。（《官箴》第十三則）

當官之人必須保持自身的廉潔與剛正，凡是特別怪異的人士，或常
裝神弄鬼的人，都不要和他們太親近。尤其是哪些巫、祝、僧、尼等宗
教人士，特別不可以和他們關係太過親近。畢竟為官之人，還是要保持
清心少事為妙。少去沾惹這些怪異人士，和他們保持適當距離，才不會
被他們所感染、利用或被傷害。

在現今的社會裡，警察要維繫地方治安，調節好各方的派系和勢
力，實在很難不去與宗教人士或其他怪異人士接觸。但呂本中的這則教
誨，警察人員應當要深切的謹記在心。因為既然是怪異人士，便說明他
們的生活方式與活動內容，常與社會的正軌有所脫節，或是特立獨行而
引人側目；有的喜歡自擡身價，挾政府官員以自重，很喜歡與政府各級
主管、首長，尤其民意代表政治人物交往，更喜歡與警察執法人員做朋
友，甚至樂於出入警察官署，為警察開示解惑。警察人員一定要慎防，
千萬別給他們開了方便之門，以免妨害社會秩序，而影響民眾對警察的
觀感。

雖然怪異人士或宗教人士的出現有其原因，我們實在不宜以偏概
全，而輕易否定他們，或任意肯定他們。在今日極端複雜的社會裡，價
值觀念混淆不明之際，更是要慎之又慎，銘記在心，才可避免不必要的
紛紛擾擾。

官箴與史記的對望

三　破除迷信，帶領百姓邁向文明的西門豹

　　任何時代、任何地方難免都有些怪異人士，或巫、祝等宗教人士，例如聲稱可以分身，信徒無數的人。這些人總愛散布些聳動或駭人聽聞的言語，其中還不乏是些詐騙手段或伎倆。為官之人若不能與他們保持適當距離，便容易被他們所精心布下的陷阱所誘惑矇騙。更可怕的是，自己還會不知不覺的成了這些怪異人士，或巫、祝們欲達成目的的最大幫凶。

　　遠在戰國時期的魏國，便曾經發生一群官員與巫祝合謀「河伯娶親」的詐財害人事件。遺憾的是，整個鄴縣的官員、長老及豪紳們，早都利慾薰心，竟全都與巫、祝同流合汙，聯手欺壓鄴縣的無辜百姓。所幸後來明智的魏文侯派來精明的新縣令西門豹，將首惡分子的巫婆和三老們全都除掉，才將這長久以來深植民間的愚昧迷信，予以徹底破除愚昧民間活動。這件駭人聽聞的歷史事件，完整記載在《史記・滑稽列傳》：

　　　　魏文侯時，西門豹為鄴令。豹往到鄴，會長老，問之民所疾苦。長老曰：「苦為河伯娶婦，以故貧。」豹問其故，對曰：「鄴三老、廷掾常歲賦斂百姓，收取其錢，得數百萬，用其二三十萬為河伯娶婦，與祝巫共分其餘錢持歸。當其時，巫行視人家女好者，云『是當為河伯婦』，即娉取。洗沐之，為治新繒綺縠衣，閒居齋戒；為治齋宮河上，張緹絳帷，女居其中。為具牛酒飯食，行十餘日。共粉飾之，如嫁女床席，令女居其上，浮之河中。始浮，行數十里，乃沒。其人家有好女者，恐大巫祝為河伯取之，以故多持女遠逃亡。以故城中益空無人，又困貧，所從來

久遠矣。民人俗語曰：『即不為河伯娶婦，水來漂沒，溺其人民』云。」西門豹曰：「至為河伯娶婦時，願三老、巫祝、父老送女河上，幸來告語之，吾亦往送女。」皆曰：「諾。」至其時，西門豹往會之河上。三老、官屬、豪長者、里父老皆會，與人民往觀之者三二千人。其巫，老女子也，已年七十。從弟子女十人所，皆衣繒單衣，立大巫後。西門豹曰：「呼河伯婦來，視其好醜。」即將女出帷中，來至前。豹視之，顧謂三老、巫祝、父老曰：「是女子不好，煩大巫嫗為入報河伯，得更求好女，後日送之。」即使吏卒共抱大巫嫗投之河中。有頃，曰：「巫嫗何久也？弟子趣之！」復以弟子一人投河中。有頃，曰：「弟子何久也？復使一人趣之！」復投一弟子河中。凡投三弟子。西門豹曰：「巫嫗弟子是女子也，不能白事，煩三老為入白之。」復投三老河中。西門豹簪筆磬折，嚮河立待良久。長老、吏傍觀者皆驚恐。西門豹顧曰：「巫嫗、三老不來還，奈之何？」欲復使廷掾與豪長者一人入趣之。皆叩頭，叩頭且破，額血流地，色如死灰。西門豹曰：「諾，且留待之須臾。」須臾，豹曰：「廷掾起矣。狀河伯留客之久，若皆罷去歸矣。」鄴吏民大驚恐，從是以後，不敢復言為河伯娶婦。

在戰國時期，魏文侯有位擔任鄴縣（今河北省臨漳縣西）縣令，為史上著名的政治家，也是水利專家姓西門名豹。西門豹剛到鄴縣上任時，便聚集了地方上年紀大而有名望的銀髮族，問他們有關百姓在生活上是否遇到哪些痛苦的事情。這些老人都回答：「最讓鄴縣百姓痛苦的事，便是每年都要獻上美麗女子和財寶，送給河神娶妻。因為這個緣故，本地已經到了民窮財盡的地步了。」這條河指的是漳河，流經鄴

縣，注入黃河。

西門豹聽了非常驚訝，便問這到底是怎麼回事？百姓為什麼要年年要替河神娶親？他們不敢隱瞞，便回答西門豹：「鄴縣掌理教化的鄉官三老、縣政府的主管官員廷掾，每年都會向老百姓徵收賦稅，搜刮錢財，收取的這筆錢就高達了幾百萬。但他們只用其中的二三十萬為河神娶親，其餘的錢財，則勾結祝、巫（念咒語的、裝瘋賣傻跳舞酬神的人），將那剩餘的錢全都瓜分中飽，拿進自己的口袋。到了為河神娶親的時候，女巫便挨家挨戶去行巡，只要查看到哪戶人家有漂亮女子，便說這個女子最合適做河神的妻子。女巫於是與縣裡的三老、廷掾等聯合狼狽為奸，馬上留下聘禮而帶走這姑娘。還派人去為這姑娘洗澡淨身、洗頭美髮，給這姑娘穿上新的絲綢花衣，再讓姑娘獨自居住，還要齋戒，以示敬虔、潔淨。

為了讓選上當河神妻子的姑娘能獨自齋戒，他們還在河邊上為她蓋好供閒居齋戒的屋子，四周並張掛起赤黃色和大紅色的綢帳，這個女子就住在裡面，給她備辦牛肉酒食。這樣經過了十幾天後，大家又一起裝飾點綴好哪個像嫁女兒一樣的床鋪枕席，再讓這個女子坐在上面，然後將床鋪枕席推到河中去漂浮。

起初姑娘和床鋪還會在水面上漂浮著，但漂了幾十里後，便漸漸沉沒下去，姑娘就這樣犧牲了。哪些凡是家裡有漂亮女兒的人家，都很擔心大巫祝會到家裡來，替河神娶走他們的女兒。因此，這些人家只好帶著自己的女兒，逃離本地。也因為這個緣故，城裡的人口便越來越空蕩，以致地方越來越貧困，這種情況已經持續相當長久了。老百姓在民間還流傳著這樣的俗語：「假如不給河神娶媳婦，就會大水氾濫，把哪

些老百姓全都給淹死。」的說法。

西門豹聽後十分難過和感慨，哪來的河神需要娶妻的無稽之談呢！西門豹畢竟是位治水專家，因此他非常清楚的明白，凡是江、河氾濫，都是水流問題，只要適當的整治和疏導，便能化解江、河氾濫的禍害。但鄴縣的全體百姓並不了解這些道理，官員們又太過於貪婪，邪惡，才會被巫、祝們給矇騙，竟與巫、祝之流一同合謀，沆瀣一氣，詐奪了百姓的大量錢財，還年年讓年輕的小姑娘平白無辜的去送死。這種荒誕不經的蠢事，竟然還延續了這麼久。

西門豹畢竟是位宅心仁厚的好官，聽了縣裡銀髮族的陳述後，他心裡有著盤算，但時機還未成熟，西門豹也不願透露什麼企圖，只好裝作若無其事的對他們說：「到了給河神娶媳婦的時候，希望三老、巫祝和父老們能全都一齊到河邊去送新娘。我今天既然幸運的聽到你們告訴我這些事，我決定也要一起去送送河神的新娘。」老人們雖不知西門豹有何打算，但新來縣令既然都這麼交代了，大家只好齊聲回答：好的，大家都會去觀禮。

到了為河神娶媳婦的日子，西門豹果然趕到河邊與長老們會合。三老、官員、巫祝、有錢有勢的豪紳，及地方上的父老們也全都聚集到河邊。連來看熱鬧的百姓，多達二三千人。專門負責挨家挨戶替河神找尋美麗姑娘的哪個女巫，原來是個老巫婆（老仙姑），都已有七十多歲了。跟在女巫身後的女弟子也有十多個人，她們全都穿著絲綢的單衣，站在老巫婆的後面。

西門豹觀看相關人員全都到齊，便開始要著手他的巧妙計畫。於是西門豹便說：「叫那位被河神選中的媳婦過來，我要看看她長得漂亮不

漂亮。」這句話其實是語帶玄機，但在場卻沒有一人能聽出其中的奧秘。畢竟每年送給河伯的姑娘，哪一位不是女巫挨家挨戶去精心挑選的。女巫為了證明她所編撰的裝神弄鬼把戲是真實，便一定煞有其事的認真挑選一名最美麗的女子。如今該準備的已全都齊備了，西門豹卻突然以縣令之姿，說是要替河神檢驗挑中的女子夠不夠美，豈不太不符常情了？這雖是個明顯的破綻，但因為來得太突然，加上西門豹是以縣令的身分下令，終究沒人能察知西門豹到底葫蘆裡賣的是什麼藥。

西門豹既然下令，要親自檢驗被挑中將嫁給河神的姑娘，人們便趕緊扶著這個姑娘出帳，走到西門豹的面前。西門豹看了看這個女子，回頭對三老、巫、祝及父老們說：「這個姑娘不夠漂亮，不能獻給河神。這樣好了，還是麻煩大巫婆為我們到河裡去稟報河神，說我們需要重新再找出一個更漂亮的女子，這得遲幾天才能把河神的妻子送過去。」話一說完，西門豹便號令隨行人員，一齊抱起大巫婆，把她拋進河裡。

等了一會兒，西門豹又故弄玄虛地說：「奇怪了，老巫婆為什麼去了這麼久，卻沒回來呢？這樣吧！還是讓她的弟子們去催催她吧！」說完，便把老巫婆的一個弟子也拋到河中。再過了一會兒，西門豹還是故伎重施的說：「老巫婆這個弟子，為什麼也去了這麼久？為了保險起見，我看還是再派一個人去催催她們吧！」說完，西門豹又命人再把一個弟子拋進河中，如此反覆，總共拋了三個人丟入河裡。

拋完了巫婆與女子三人後，西門豹又假做嚴肅的說：「剛拋下的巫婆和她的三位弟子們，畢竟全都是女人，我擔心她們不能把事情稟報清楚。這樣吧！還是請三老替我去說明情況吧！」才一說完，西門豹又令人將三老全給拋到河中。

三老全被拋入河裡後，西門豹又假裝插著簪筆，彎著腰，恭恭敬敬地面對著河，站著等了很久。此時，與巫、祝聯合一同欺壓百姓的長老和廷掾等，在一旁看著，無不心驚膽跳。西門豹轉身對他們說：「這時間也過了這麼久了，但巫婆和三老們卻全都沒回來，你們說該怎麼辦呢？」西門豹還想再派一個廷掾或者豪長到河裡去催促他們。

　　廷掾及豪長們全都嚇死了，無不跪在地上猛磕頭，磕到頭都給磕破了，額頭上的血還流了一地，臉色難看得像死灰一樣。西門豹看出他們已經知錯了，便說：「好了，暫且留下來再等他們一會兒。」西門豹知道他的處置手法已經發揮效用了，於是過了一會兒，西門豹便說：「廷掾可以起來了，看樣子河神留客要留很久，你們都各自離開這兒，回家去吧。」鄴縣的官吏和老百姓都非常的驚恐，從此以後，再也沒人敢提起為河神娶媳婦的事了。

　　西門豹雖以智慧除去了鄴縣為害最甚的老巫婆及三老們，也摘除了百姓心中對「河怕娶親」迷信，但河水氾濫成災，卻是個長久以來不爭的事實。西門豹既身為縣令，自然還得針對這經濟難題，再進行一番整治。所幸西門豹本來就是水利專家，他著手規劃讓百姓一同挖鑿河渠。這件事，同樣記載在《史記‧滑稽列傳》：

　　西門豹即發民鑿十二渠，引河水灌民田，田皆溉。當其時，民治渠少煩苦，不欲也。豹曰：「民可以樂成，不可與慮始。今父老子弟雖患苦我，然百歲後期令父老子孫思我言。」至今皆得水利，民人以給足富。

　　西門豹接著又徵召全縣百姓，要大家共同開挖十二條河渠，再引漳

水來灌溉農田，使田地全都能得到充分的灌溉。此外，鄴縣的農地，因為得到漳水夾帶的大量泥沙沖積，也因此變得更為肥沃，使收成能加倍增長。

但在那時期，百姓對開鑿河渠，有些感到厭煩和勞累，便不斷大發怨言，甚至還不大願意繼續參與開挖。畢竟開挖十二條河渠，實是件費勁又極艱難的工程，百姓不懂水利，更不懂開鑿河渠對他們有何好處，便紛紛起了怠惰之心。

西門豹見狀，便感慨地說：「老百姓可以和他們共同為建設成功而享受快樂的成果，卻難以和他們一起憂慮事情的起始。現在父老子弟雖然擔心要因我致力於建設而受苦，但是我期盼百年以後，父老、子孫們會因為河渠所帶來的益處，而都能想起我今天所說過的話。」

果然這十二道河渠，確實為鄴縣帶來很大的繁榮助益。一直到了西漢司馬遷所處的時代，鄴縣縣民還繼續享受文明建設的成果，十二道河渠所引來的便利，是一般百姓看不到未來的利益。由於西門豹曾帶領百姓一同整治河渠，不僅免除了過去所不斷發生的嚴重水患，百姓還因此能得到充分的水源灌溉，及源源不絕的肥沃土壤農地。如此不僅家給戶足，百姓還終於能過著以往所不曾享有的富裕生活。

愛民如子的西門豹，不僅運用智慧鏟除了禍害地方的巫、祝、貪瀆官吏及三老們，還運用他治水利的專長，為鄴縣百姓，帶來了前所未有的豐衣足食生活。西門豹的為官之道，的確值得後人傳承和學習。

四 結語

呂本中在《官箴》論述為官之道，特別另舉一例，印證江湖術士共
事之不易：

> 嘗有人作郡守，延一術士同處書室。後術士以公事干之，大怒叱
> 下，竟致之理，杖背編置。招延此人已是犯義，既與之稔熟，而
> 干以公事，亦人常情也。不從之，足矣，而治之如此之峻，殆似
> 絕滅人理。

無論是哪一個時代，為官者最當謹記在心的，還是「愛民如子」，
並且願為百姓福祉而服務的那顆熾熱的心。既是如此，呂本中所強調
「當官者，凡異色人皆不宜與之相接，巫、祝、尼媼之類，尤宜疏絕，
要以清心省事為本」的為官要領，身為執法人員豈能不念茲在茲而謹記
在心？畢竟「異色人士」及「巫、祝、尼媼之類」，都是與一般社會風
俗、規範常軌脫節的特異人士，他們的思想、行為或生活模式，多與我
們日常生活的世界有別。公務員在與這類人士接觸時，並不需要一概否
定他們，但也不可不多加留意。雖可以和他們有必要的接觸，但也必須
有適當的拿捏和距離，才不至於在不知不覺中，漸漸地被他們給牽著鼻
子走。

戰國時期魏國的鄴縣，所以會發生由巫、祝操控的生死斂財的鬧
劇，所有的官員、長老、豪紳沆瀣一氣，成為謀財害命的共犯結構，每
年藉故以「河伯娶親」之由，便大肆搜括百姓錢財，並讓無辜的年輕女
孩平白送命。這等駭人聽聞的災難，實為人禍，之所以能長期在鄴縣持

續發展，與其說是巫、祝行騙的能力太強，還不如說是各級官吏太過貪婪。若各級官吏能以清、慎、勤作為核心價值，便不會輕易地被巫、祝所引誘，也不會昧著良心，年年放任差役去肆意的搜刮百姓財錢；也不會狠心的放任老巫婆，年年去徵選年輕貌女的姑娘，作為「河伯娶親」的詐騙藉口。

河神娶親的禍害年復一年的發生，關鍵是哪些貪婪的地方官吏，心懷不軌，助紂為虐，只想與巫、祝一同欺壓善良而無知的鄉里，共同瓜分在地的資源，年年向百姓強行徵收來的賦稅。說白了，各級官吏絕不會不知巫、祝們所設下的詭詐手段，縱然是不識字的村姑愚婦也能夠輕易看出老巫婆的可笑陰謀。

追根究柢，這些巫婆敢在地方興風作浪，不把當地官員放在眼裡，目無國法鄉約，而魚肉鄉民，真正的靠勢來源，不可諱言就是在地官員心中早已沒有官箴觀念，視官箴於無物，踐踏法律與倫常於腳下所致。

幸好來了一位有科學知識，又肯愛護百姓的西門豹，不受巫、祝、異色人等的蠱惑，也沒有千里為官只為財的牟利之心，清心澄慮而自信十足，主動下鄉踏入里巷，垂詢底層民意，才能破解老巫婆的騙術，還帶領百姓修築了十二條河渠，讓貧困的鄴縣從此轉為富足而安和樂利。西門豹實事求是的精神，確可作為今日官員為民服務的表率。

寧可因公得罪，不可徇私犯罪

一 前言

　　公務員依法行政，消極面不能違法，積極面要為民服務，興利除弊。公務員多知道如何保護自己，畫地自限以明哲保身，但是不為個人私利而只為民眾利益以致涉嫌違規瀆職的行為，卻值得後人敬重的，有西漢初年的宰相蕭何，堪稱最佳代表人物。

　　呂本中所著《官箴》，以他極其深厚的宦海歷練，告誡為官者必須堅守「公罪不可無，私罪不可有」。但是這條原則，究竟應當要如何看待？在什麼情況下會觸犯「公罪」？「公罪」意指為何？「公罪」與「私罪」兩者之間，究竟有何顯著差異？這些內容其實都相當值得我們細細品味，也是本文將探究的具體內容。

二 文本內容釋義

> 前輩嘗言：「公罪不可無，私罪不可有。」此亦要言。私罪固不可有，若無公罪，則自保太過，無任事之意。（《官箴》第三十三則）

　　前輩曾告誡呂本中，說：「為官不可能不觸犯公罪，但萬萬不可以觸犯私罪。」表明了公務員任職期間，執行公務不是不會牴觸法令規

定，可能因從事「公」務而牴觸，而不能因為只顧個人利害得失的「私」心，而牴觸刑罰規定。因為只顧個人的利害得失而犯法，當然絕不會被國法輕饒，但若終其一生，都不曾為「公」而涉牴觸法規，就顯得太過於明哲自保了。這樣的官員，絕對沒有為民服務的志向和抱負。

我們千萬別誤解呂本中，他是要我們得在公務上違反法規。他只不過是在強調很多人當了官以後，心思夢想的，常常不是在本分應盡的職責；卻反而是想利用職責的便利，而謀取一己的不法利益，甚而藉機營私舞弊。結果這些劣質官員，多半都因貪汙或瀆職而被定罪，最終還落個身敗名裂的下場。

其實，凡是會觸犯「私罪」的官員，都是因為心懷「臨財當事，不能自克，常自以為不必敗」（《官箴》第一則）的念頭，才會一而再，再而三的假藉職務之便，而違法謀取私利。

呂本中為了要導正這些偏離正道的官場亂象，才會以「私罪」和「公罪」作對比，強調為官者情願因為民興利而觸犯規定，也不應該圖利個人、營私舞弊，而一再犯下「私罪」。

三　無「私罪」，但卻觸犯「公罪」的蕭何

漢初三傑之一的蕭何，不僅是大漢開國的第一位丞相，也是為大漢制定律令的主事者。漢二年，劉邦立劉盈為太子後，便將後方一切事務，全都交由蕭何處理。

蕭何除了要穩定後方局勢，還要源源不斷地提供兵源和糧草運至前方。此外，蕭何還要負責照顧好新立的太子劉盈，並頒布漢中所遵循的

律令《九章律》。蕭何為人行事一向謙恭、認真且謹慎。嚴格而論，「清、慎、勤」三大為官要領，蕭何可說完全具備。因此，蕭何早年在秦朝為官時，才會一再被中央派來地方督導業務的督察賞識。年年考核，論其才幹和績效，蕭何都被評定為第一。

這位認真負責，精通法律，甚至還為大漢制定法律的優越官吏，從來不會貪圖一己私利，卻曾為了爭取百姓的福祉，以致觸犯公罪，居然被劉邦關入大牢。但在這事發生以前，蕭何便已遭劉邦嚴重的猜忌，致使蕭何對於自身的處境，早已心驚膽跳。這段史料，主要記載在《史記·蕭相國世家》：

> 漢十一年，陳豨反，高祖自將，至邯鄲。未罷，淮陰侯謀反關中，呂后用蕭何計，誅淮陰侯，語在淮陰事中。上已聞淮陰侯誅，使使拜丞相何為相國，益封五千戶，令卒五百人、一都尉為相國衛。諸君皆賀，召平獨弔。召平者，故秦東陵侯。秦破，為布衣，貧，種瓜於長安城東，瓜美，故世俗謂之「東陵瓜」，從召平以為名也。召平謂相國曰：「禍自此始矣。上暴露於外而君守於中，非被矢石之事，而益君封置衛者，以今者淮陰侯新反於中，疑君心矣。夫置衛衛君，非以寵君也。願君讓封勿受，悉以家私財佐軍，則上心說。」相國從其計，高帝乃大喜。

蕭何與呂后合作，誘使韓信進入長樂宮鐘室，而加以誅殺後，劉邦對蕭何更加的恩寵，除了給蕭何加封外，還派了一名都尉，率領著五百名衛士，加強相國蕭何的護衛。乍看之下，可真是封邑進爵，聖眷日隆。於是眾賓客便紛紛到蕭何府上道賀，蕭何府上賀客盈庭，讓蕭何感

到特別的開心。

但就正在宴客這一天，突然有個名叫召平的門客，卻身穿素衣白鞋，昂然進來弔喪。蕭何見了非常忿怒，便斥責他：「你喝醉了嗎？」這位名叫召平的人，原是秦朝的東陵侯。自大秦帝國滅亡後，召平便隱居在長安城外的家中種瓜，因他所種的瓜果味道極為甘美，當時人人便稱之為「東陵瓜」。

蕭何進入關中以後，聽聞召平是個賢能之人，便請召平至他幕下，每有行事，都會找召平來商議。召平也都果然不負蕭何期盼，每次獻策，都能讓蕭何獲益匪淺。但今天，召平主動來見蕭何，不是來道賀，竟直白的說：「相國有什麼值得慶賀的呢？災禍即將要開始了！」蕭何實在不解，便問召平：「我都已榮升為丞相，所受皇上恩寵眷已超過天下所有人，我遇事又非常小心謹慎，未敢稍有懈怠疏忽，您為何要口出此言呢？」

召平回答說：「皇上在外南征北伐，親冒矢石戰爭的危險。而丞相您卻安居在後方關中，從來沒有槍林彈雨的風險，如今皇上卻反而增加給您封邑，又增派五百護衛，加強保護您，顯然這是皇上已在猜忌您了。丞相切莫忘了，淮陰侯韓信才在關中反叛而被殺於長樂宮鐘室。如今，皇上卻突然給您增加護衛，這顯然並不是為了尊寵您，反倒是在懷疑您了。希望丞相您辭謝所有的封賞，絕對不能接受。此外，您還得將全部財產全用於資助前線的軍費使用，如此才能令皇上高興啊！」

蕭何一聽，終於恍然大悟，猛然驚出一身冷汗。第二天，蕭何依照召平的計策行事，劉邦見了，非常高興，蕭何度過一劫。

　　　　　　　　　　　　　　官箴與史記的對望

儘管如此，劉邦對蕭何的猜忌，卻沒有這麼輕易就化解。蕭何在萬般無奈下，只好採取自汙，以搏取劉邦的歡欣和鬆懈。這事件記載在《史記‧蕭相國世家》：

　　漢十二年秋，黥布反，上自將擊之，數使使問相國何為。相國為上在軍，乃拊循勉力百姓，悉以所有佐軍，如陳豨時。客有說相國曰：「君滅族不久矣。夫君位為相國，功第一，可復加哉？然君初入關中，得百姓心十餘年矣，皆附君，常復孳孳得民和。上所為數問君者，畏君傾動關中。今君胡不多買田地，賤貰貸以自汙？上心乃安。」於是相國從其計，上乃大說。

　　上罷布軍歸，民道遮行，上書，言相國賤彊買民田宅數千萬。上至，相國謁。上笑曰：「夫相國乃利民！」民所上書皆以與相國，曰：「君自謝民。」相國因為民請曰：「長安地狹，上林中多空地，棄，願令民得入田，毋收稾為禽獸食。」上大怒曰：「相國多受賈人財物，乃為請吾苑！」乃下相國廷尉，械繫之。數日，王衛尉侍，前問曰：「相國何大罪，陛下繫之暴也？」上曰：「吾聞李斯相秦皇帝，有善歸主，有惡自與。今相國多受賈豎金，而為民請吾苑，以自媚於民，故繫治之。」王衛尉曰：「夫職事苟有便於民而請之，真宰相事，陛下奈何乃疑相國受賈人錢乎！且陛下距楚數歲，陳豨、黥布反，陛下自將而往。當是時，相國守關中，搖足則關以西非陛下有也。相國不以此時為利，今乃利賈人之金乎？且秦以不聞其過亡天下，李斯之分過，又何足法哉。陛下何疑宰相之淺也。」高帝不懌。是日，使使持節赦出相國。相國年老，素恭謹，入，徒跣謝。高帝曰：「相國休矣！相國為民請苑，吾不許，我不過為桀、紂主，而相國為賢

相。吾故繫相國，欲令百姓聞吾過也。」

劉邦身在前方作戰時，每次蕭何派人輸送軍糧到前方，劉邦都會問派來的使者：「蕭相國在長安都在做些什麼事呢？」

使者回答：「蕭相國愛民如子，除辦理軍需以外，無非是做些安撫、體恤百姓的事。此外，相國還拿出了他所有的錢財，用以資助軍隊。蕭相國平日所做的，就像皇上您當年平定陳豨叛亂時，是完全一樣的。」

劉邦聽了以後，默不作聲。使者回報經過情形給蕭何，蕭何並未能意識到劉邦的問話內容有何貓膩，究竟有何用意。

有一日，蕭何偶爾問及身邊門客，其中一門客便回答，說：「相國，您不久恐將會被滿門抄斬了。」

蕭何驚駭不已，趕緊問門客為什麼？

那門客解說：「您今天已經位居丞相高位，居百官之首，功勞又列第一，當今聖上還能再封什麼職位給您？況且您一入關中後，就一直深得百姓的愛戴，到現在已有十多年了，百姓都已經那麼擁護您了，您居然還想方設法的為他們謀福利，以此安撫百姓。如今百姓都願親附您，而皇上之所以要屢屢問及您的起居動向，不就是害怕您借助關中民間的高人氣聲望，而可能會有任何不軌行動嗎？試想，一旦您乘虛起而號召大後方，閉關自守，豈不正可以將皇上置於進不能戰，退亦無可歸的境地嗎？如今最好的辦法，便是您何不賤價強買民間田宅，讓百姓痛罵您、怨恨您，製造一些壞名聲的汙點，這樣皇上看您也不怎麼得民心，

才會對您放心。」

門客建議蕭何，去賤價強買民間的田宅，這種違背他的一貫行事作風！蕭何不僅知法、定法，更是位謹守法律的清官。如今為了消解劉邦的猜忌，他也只能出此下策了。

劉邦終於平定了黥布叛亂後，撤軍返回長安。百姓們見皇上領軍歸來，無不攔路上書，向皇上遞狀，控告相國蕭何竟用低價強行購買民間的土地房屋，其價值高達數千萬之多。

劉邦回到宮中後，相國蕭何前來拜見。劉邦心情特別舒暢，心想此時老百姓大概也開始討厭你了吧！蕭相國過去所累積的豐厚民意基礎，從此應當都已流失光了。

劉邦於是很有自信，笑著對蕭何說：「當相國的你，竟然還去侵奪民眾的財產，為自己謀利！你是這樣福國利民的嗎？」說完便把百姓的控告信全都交給相國，再以極輕鬆的口吻說：「相國，還是由你自己去向民眾謝罪吧！」

正直的蕭何，見到劉邦如此歡喜，便以為劉邦對他的猜忌已完全解除。加上蕭何確實是心繫著苦難的百姓，想到長安城中還有那麼多的百姓，至今仍然流離失所，不僅無地可種，也沒有糧食可活命。蕭何憂國憂民的良知，再次被愛民的熱情激勵，他便乘機為百姓們向劉邦請求，說：「長安一帶地方狹窄，而上林苑中又空地極多，且白白地荒廢不用在那兒，也是挺可惜的。希望皇上能下令，讓無地可耕的百姓，能進入上林苑中的荒地去開墾及種植。收成之後，只讓他們收取糧食，其餘的禾稈、枝葉等，則全部留下來，可以作為苑中禽獸的食料。」

蕭何這個點子其實是相當不錯，畢竟反秦戰爭，以及楚、漢征戰已經打了七年，這漫長七年，百姓已被搞得流離失所，甚至連塊能安身立命的耕地也都丟失了。若沒地可耕種，這群百姓將如何存活？若要存活，他們還能不冒著生命危險鋌而走險嗎？到時候，若再拿著法律去辦他們的罪，豈不等於是官逼民在前，之後再狠心的拿著律法將百姓繩之以法？身為相國，又是制定法律的最主要負責人，無論如何，都是難忍這樣的事情發生。基於此，蕭何才會趁著劉邦心情正好之際，大膽的向劉邦提出這個不情之請。

劉邦聽後竟大發雷霆，在劉邦心裡最猜忌蕭何之處，便是他始終都深得百姓的愛戴，這對他將會有多大的威脅啊！蕭何好不容易才做了一件天怒人怨的事，馬上又要趕著為百姓謀福利。這不是在為自己洗刷罪名，又好搏得更多百姓的認同嗎？

若依蕭何的提議，開放上林苑的空地，給無地可種的百姓去耕作，那豈不是替蕭何做嫁裳嗎？土地是皇家的，但受益得民心的卻是蕭何他一人。況且蕭何一請命，連皇上平日打獵用的上林苑都能開放，任憑百姓進去耕種，這豈不是件破天荒的大恩德嗎？

劉邦愈想愈是怒火中燒，便對蕭何厲聲說：「相國您大收商人的財物，卻來替他們請願，以討取我的上林苑嗎？」說完就下令把相國交給廷尉拘禁起來，還給他上了刑具。

蕭何這項請願，確實有些太逾越禮制，畢竟皇帝專用打獵的上林苑，實在不能輕易開放民間使用。但這也是不得已而為之的下下之策，因為打了七年仗後，天下已變得「自天子不能具鈞駟，而將相或乘牛車，齊民無蓋藏。」別說是百姓窮得掀不開鍋，連王公將相都只能乘坐

牛車，連劉邦的車駕，也湊不足四匹同顏色的馬匹，全國上下都窮到這個地步。首都長安城聚集了一堆正在挨餓受凍的飢民，他們全都沒地可種，這的確是件極為嚴重的大事。

蕭何身為相國，深知民間疾苦，實在不忍日日見此慘狀，肯定也是無計可施，才會想動用上林苑的閒置空間。只是過去「大度」的劉邦，現在理應當也是會很大度的，依蕭何判斷，劉邦應該會很直爽的答應。如今貴為天子的劉邦是否還是那麼大度也未可知。何況這事是由深深了解民意的蕭何所提出，縱然劉邦再大度，也難免在心中燃燒著難以抑止的怒火。

劉邦因為太憤怒了，便下令讓全國最高的司法機構──廷尉，將蕭何羈押下獄。劉邦這個舉動，顯然暴露出自己的偏狹私心，才會一反常態將蕭何視同重犯，而打入廷尉的大牢裡。

蕭何本來是為無地的災民請命，這一點劉邦應當非常清楚。更何況他剛討伐黥布歸來，在長安城中行走，怵目驚人的難民景象，肯定也還是記憶猶新。但深怕蕭何搶了他劉邦的威望，竟完全失掉以往英明又大度的常態，反倒假扣罪名在蕭何身上。劉邦根本是怕蕭何今日所做的請地之舉，會再次增益了蕭何在百姓心中的愛戴，便故意說成蕭何是向商人收取賄賂。

「商人」與「難民」，是經濟條件指標強烈對比的兩大類別。劉邦硬是要將難民，說成是擁有萬貫財寶的商人，再無故地說蕭何肯定是收取商人賄賂，這豈不是矛盾重重，也更展現了欲加之罪何患無有的政治風暴。

蕭何被關進大牢幾天後，一個負責侍從劉邦姓王的衛尉，前請示劉邦：「相國究竟是犯了什麼滔天大罪，陛下怎麼突然把他關起來了呢？」

　　劉邦說：「我聽說李斯擔任秦始皇的宰相時，辦了好事，都會歸功於秦始皇；有了錯誤，則會自己承擔。如今相國接受哪些賤商賄賂，卻來為百姓求取我的上林苑，想以此來討好百姓，所以我要把相國關起來治罪。」

　　王衛尉非常了解蕭何的人格，他怎麼也不願相信蕭何是為己謀利，而大膽向劉邦請求開放上林苑荒地。王衛尉於是陳述事實真相：「在自己職責範圍之內，如果對民眾有利的事，而為他們向陛下請求，這真是宰相應當做的事啊！陛下怎麼竟然懷疑起相國接受商人的賄賂呢？況且當初陛下與楚軍相持不下，已長達多年之久，陳豨、黥布反叛時，陛下親自率軍外出平叛。在哪個時候，相國留守關中，只要稍有舉動，函谷關以西的地方，就不屬於陛下的。相國不在那時為自己謀私利，如今國家都窮到這個份上，天子之位也確定，他才開始動了不法的心思嗎？相國又豈會在這最困難的時刻去貪求商人的賄賂呢？再說秦始皇不正是因為不知道自己的過錯，才失去了天下嗎？李斯為主上分擔過錯的做法，又有什麼值得效法的呢？陛下怎麼能用這種淺陋的眼光來懷疑宰相呢？」

　　劉邦聽了，心中儘管很不愉快，但劉邦也深知，蕭何哪裡是會向人收受賄賂的那種貪官呢！劉邦不過是自己心裡不舒服，才會拿著這麼離譜的藉口，想治蕭何的罪罷了。聽完了王衛尉的話後，劉邦自知理屈，只好派遣使者，將蕭何釋放出獄。

　　嚴格地說，蕭何向劉邦請求開放上林苑的荒地，給流離失所的百姓種植生產，確實不合禮法。劉邦充其量只能定蕭何犯「公罪」將他戴上

官箴與史記的對望

刑具，打入大牢裡。若真的定蕭何收受商人賄賂，又有證據支持他受賄的犯罪事實，那就是觸犯「私罪」。

但問題是賄賂也得要罪證確鑿，需找到蕭何所收受的賄款，以及他所收受賄款的對象，才能人證、物證皆齊全，而論定他有受賄的私罪。

劉邦與蕭何的交情，已非是一天兩天的事，他何曾不知道蕭何是何等的廉潔，連自己的房舍都比別的官員簡陋，這樣的人，怎會在國家正缺錢之際，還大發賄賂之財？劉邦知道這是自己和蕭何過不去，將蕭何關幾天後，只能再把這位老戰友給放出來。

當時蕭何已經是六十多歲的耳順老人，見劉邦開恩而釋放，內心更是誠惶誠恐，謹慎恭敬。雖然因為全身戴上刑具被關了好幾天，導致他手足麻木，都走不動了，但蕭何還是不改舊例的恭謹，光著腳入宮去向劉邦叩謝大恩。

劉邦見蕭何如此狼狽，也覺得有些過意不去，便安撫蕭何說：「相國不必這麼多禮了，這次的事，原是相國為民請願，我不肯允許罷了！我不過像夏桀、商紂那樣的無道天子罷了，而你才是個賢德的丞相啊！我之所以要關押相國，就是想讓天下百姓都知道你的賢能和我的過失啊！」

劉邦這段話雖是言不由衷，但對蕭何的廉政愛民，卻還是打從心底的默認。劉邦深知，這偌大天下運行自如，還是離不開蕭何這樣精明又賢能的丞相。自此以後，蕭何便仍舊繼續擔任著大漢的相國，任憑是誰也無法取代蕭何的地位。

漢十二年（西元前195）四月二十五日，劉邦病逝於長樂宮，享年

六十二歲。同年，太子劉盈即位，是為漢惠帝。漢惠帝即位後，仍是繼續任用蕭何為相。

直到蕭何病危之際，漢惠帝還親自前往探望，並趁機詢問蕭何：「丞相百年之後，誰可代之？」蕭何大概是有了前車之鑑，說話更加謹慎小心，他只回答：「了解臣子才德的，莫過於國君您啊！」當然，蕭何心裡也一定很明白，即使他沒說，呂后心中一定早已有口袋名單的人選。

漢惠帝見蕭何沒表示意見，乾脆挑明的問：「曹參如何呢？」蕭何聽了，竟掙扎用力撐起病體，向惠帝叩頭說：「陛下能得到曹參為相，他是最適合的人選。我即使死了，也沒有什麼遺憾了！」

蕭何臨終之際仍不念他與曹參之間的舊惡，放下個人的恩怨，還持續為了國家民族的發展，希望漢惠帝能任用曹參為相，足見蕭何一直到死前，仍是心繫百姓而忠於國家。蕭何儘管死前說話還有些忌憚，但仍是不改初衷，要為天下選出合適的丞相繼任人選。

四　結語

法律無論如何制定，總會難以完全跟上時代。畢竟法律的制定，通常都是參考著過往以及當今需要而制定。但時代在變，人心也會跟著變，許多過往從不曾發生的事，在今天或未來的社會突然的爆發出來的事。此時，法律無法與時俱進，不能適用現狀需要，或無法做出適當的處置，也是常見的事。

「公罪」是為了國家、社會的最大利益，而與當今不適用的律法，產生了牴觸的現象或行為，為政者或承辦人員作出對人民最佳化的決定

而獲罪，其出發點並不是為了自己利益，有時甚至還可能會犧牲自身的權益。但為了使國家、民族能朝著更美好的方向發展；或讓更多的人能得到最公平的際遇，為官者在權衡得失之際，情願牴觸當今不適用的法令，也要為我們的國家社會，謀求更大的福祉。此時所觸犯的罪嫌，便是呂本中所說的「公罪」。

我們誠摯希望，當官者都能以國家的安危為己任；但也希望當今的立法制度，能及時的調整及修訂，盡可能的切合當今國家社會的需要。若是如此，有幹勁、有理想又有抱負的官員，便能勇於任事，也能避免觸犯刑事法規等公罪。整個官場上，定能見到許多想做大事，又能放手做大事的有抱負官員。

蕭何是大漢王朝建立法律的最主要推手，從他在秦朝末年為官開始，蕭何便一直非常盡忠職守，絕對不會為了自己的私利，而做出違法行為。蕭何不僅是個立法的人，也是位知法和執法的重要執行人。

雖然蕭何曾經為了要化解劉邦對他的猜忌，以致故意去向百姓強行借貸，而惹來百姓的怨聲載道。但蕭何真正的意願上，其實是從來沒有想要犯私罪的念頭；他一心只想讓老百姓能過上安居樂業的日子，出於不得已，蕭何才會將腦筋動在皇家上林苑的廢地上，希望劉邦能憐憫那麼多正在忍受飢餓的難民。但遺憾的是，此時劉邦對蕭何能那麼受到老百姓的愛戴，竟產生了不必要的嫉妒，才會把最忠心的蕭何，關押在廷尉府的監獄裡。

蕭何被關，全是出於公心，故而他在無意之間觸犯了「公罪」。儘管蕭何沒有為自己辯駁，但天下人卻無不知他所以會突然被關押，其實就是因為他太「愛民」，才會導致他觸犯了「公罪」。由此可見，凡是為

己謀利貪汙瀆職而觸犯「私罪」的人，無論他再怎麼伶牙俐齒的強辯，一旦東窗事發，經過司法調查程序，有罪判決定讞後，只有入獄服刑，啞口無言。

若是觸犯的是「公罪」，即使這人什麼都沒說，也沒為自己論辯什麼，但這世界也會為這個人的宅心仁厚，而給予正義伸張的一天。蕭何的為正心路歷史，可說就是「公罪不可無，私罪不可有」的代表典範。

《官箴》注釋

《官箴》注釋

〔宋〕呂本中著，黃啟方[*]注釋

呂本中其人與其書

　　呂本中，字居仁，開封人，生於宋神宗元豐八年（1084）。本中家世顯赫，五世伯祖呂蒙正，狀元及第，在太宗、真宗朝三度拜相，前後八年。高祖呂夷簡於仁宗朝亦三度居相位，凡十年半。曾祖呂公著，於哲宗元祐元年（1086）與司馬光同相，司馬光卒，獨相兩年餘，與父夷簡都拜司空，天下榮之。祖呂希哲，封滎陽子。道德學問，遠近師之。父呂好問，高宗時為尚書右丞、門下侍郎，封東萊郡侯。

　　呂本中為呂好問長子，六歲時以曾祖呂公著遺表恩授「承務郎」（從九品），徽宗政和五年（1115）三十二歲，調濟陰主簿，宣和六年（1124）四十一歲，除樞密院編修官。欽宗靖康初（1126），除直秘閣主管明道宮。高宗紹興元年（1131）四十八歲，丁父憂。服除，召為祠部員外郎。紹興六年（1136）五十四歲，賜進士出身，擢起居舍人，兼權中書舍人。八年，拜中書舍人兼侍講、權直學士院。以忤秦檜，提舉太平觀。紹興十五年（1145）六月卒，六十二歲。學者稱「東萊先生」。卒後二十年，孝宗賜謚「文清」。

---

[*]　黃啟方，前臺灣大學文學院院長、國語日報社董事長。

本中薰染家學，成就超卓，著有《春秋集解》；又長於詩文，有《紫微詩話》之作，又有《江西詩社宗派圖》，尊黃庭堅為宗派主，影響深遠。它如《童蒙訓》、《師友雜志》、《官箴》等，均隨手雜記，而多有足取者。

《官箴》一卷，呂本中撰。這是他所寫的居官格言，共三十四則。《宋史‧呂本中》列傳備列本中的著作目錄，卻沒有列這本書，然而《宋史‧藝文志‧雜家》類中著錄，一卷。書後有寶慶三年丁亥（1227）永嘉陳昉跋，應該就是陳昉所刊行。書名或者是本中當時偶然題記，內容亦無系統，因本非有意於著書，後人得其手稿，傳寫鐫刻，始加標目。呂本中以工詩名家，然所作《童蒙訓》於修己治人之道，具有條理，蓋亦留心經世者，故此書多閱歷有得之言，可以見諸實事。書首即揭「清」、「慎」、「勤」三字，以為當官之法，其言千古不可易。〔清〕王士禎《古夫于亭雜錄》曰：「上（康熙）嘗御書清、慎、勤三大字，刻石，賜內外諸臣。案此三字呂本中《官箴》中語也。」是數百年後，尚蒙聖天子採擇其說，訓示百官，則所言中理可知矣。至其論不欺之道，明白深切，亦足以資儆戒。雖篇帙無多，而詞簡義精，固有官者之龜鑑也。

全文據《文淵閣四庫全書本》與《四部叢刊本》參校，共三十四則，試加解釋，以為今日「居官者」——所有政治人物、軍政官僚、公司負責人乃至單位主管的行事圭臬。

《官箴‧一》

當官之法，唯有三事：曰清、曰慎、曰勤〔一〕。知此三者，可以保祿

位，可以遠恥辱，可以得上之知，可以得下之援〔二〕。然世之仕者，臨財當事〔三〕，不能自克〔四〕，常自以為不必敗〔五〕；持不必敗之意，則無所不為矣〔六〕。然事常至於敗而不能自已〔七〕，故設心處事，戒之在初〔八〕，不可不察。借使役用權智〔九〕，百端補治〔十〕，幸而得免，所損已多〔十一〕。不若初不為之為愈也〔十二〕。司馬子微《坐忘論》〔十三〕云：「與其巧持於末，孰若拙戒於初。」〔十四〕此天下之要言，當官處事之大法，用力簡而見功多〔十五〕，無如此言者。人能思之，豈復有悔吝耶〔十六〕？

注釋

一　清、慎、勤：清白廉潔，謹慎小心，勤勞不懈。呂氏把「清」放在第一位，可以看出他對為官必須清廉的重視。為官如不清廉，就是貪腐，則雖能慎和勤，可能反而成為貪腐的幫凶。

二　保祿位，遠恥辱，得上之知，得下之援：保住自己的職位，不會受到羞辱，贏得長官的賞識，獲得部下的支持。

三　臨財當事：面對財物誘惑和必須處理事情時。

四　不能自克：不能克制自己的貪念。

五　不必敗：不是必然就會被人知道而破壞自己的好事。就是存著僥倖萬一的心理。

六　持不必敗之意，則無所不為矣：有了僥倖萬一不會被人知道的念頭，就什麼壞事都敢做了。

七　然事常至於敗而不能自已：事情往往到了已經破敗了，還不相信而不肯停止。

八　戒之在初：在開始的時候就應該要自我警惕。

九　借使役用權智：假使運用自己的權力和聰明才智。

十　百端補治：想盡辦法補救處理。

十一　幸而得免，所損已多：僥倖可以免除罪罰，但名譽、精神各方面的損失已經太多了。

十二　不若初不為之為愈也：還不如一開始就不要做，豈不更好。

十三　司馬子微：唐朝有名的道士司馬承禎，字子微。武則天聞其名，曾召至長安，加以禮敬。唐玄宗曾兩次召見。卒於王屋山，八十九歲。生平見《舊唐書·隱逸傳》。司馬承禎著有《坐忘論》，發揮《莊子》「坐忘」的思想。所謂「坐忘」，是「墮肢體，黜聰明，離形去智，同於大通。」見《莊子·大宗師》。

十四　與其巧持於末，孰若拙戒於初：與其到最後再來巧妙的化解，不如一開始就能警覺，就是被認為拙笨，也還值得。

十五　用力簡而見功多：用的力氣簡省而有大的功效。

十六　豈復有悔吝耶：那還會有後悔遺憾的呢？吝，悔恨、遺憾。

《官箴·二》

事君如事親，事官長如事兄，與同僚〔一〕如家人，待群吏如奴僕〔二〕，愛百姓如妻子，處官事如家事〔三〕，然後為能盡吾之心。如有毫末不至，皆吾心有所未盡也。故事親孝，故忠可移於君；事兄悌，故順可移於長；居家理，故治可移於官。豈有二理哉！

注釋

一　與同僚：對待同事。

二　待群吏如奴僕：吏指基層員工。群吏指所有基層部屬。古人視家中
　　僕婢如家人，故有世代忠僕之美談。待群吏猶如待家人。

三　處官事如家事：把公家的事當自己家裡的事，認真用心處理。

《官箴‧三》

當官處事，常思有以及人[一]。如科率[二]之行，既不能免，便就其
間求其所以使民省力、不使重為民害[三]，其益多矣。不與人爭者，
常得利多；退一步者，常進百步；取之廉者，得之常過其初[四]；約
於今者，必有垂報於後[五]；不可不思也。惟不能少自忍者必敗[六]，
此實未知利害之分[七]、賢愚之別也[八]。

注釋

一　有以及人：對人民有所幫助。

二　科率：指政府向人民徵收的各種稅賦，因有各種科目和比重，所以
　　稱為科率。

三　不使重為民害：不要再加重對人民的傷害。

四　取之廉者，得之常過其初：表面看來收取的少，實際所得到常會超
　　過原先的估計。

五　約於今者，必有垂報於後：現在的要求盡量簡約，將來一定會有比
　　較好的回報。

六　不能少自忍者必敗：不能夠稍微忍耐一時，不立即「依法辦事」，
　　而盡量為民眾的利益設想，則一定會失敗。

七　未知利害之分：不能分辨什麼才是真的「利」或「害」。

八　賢愚之別也：是有沒有辦事能力的差別。

《官箴·四》

予嘗為泰州獄掾^{〔一〕}，顏岐夷仲^{〔二〕}以書勸予治獄次第，每一事寫一幅相戒，如夏月處^{〔三〕}罪人，早間在東廊，晚間在西廊，以辟^{〔四〕}日色之類。又如獄中遣人勾追^{〔五〕}之類，必使之畢^{〔六〕}此事，不可更別遣人，恐其受賂已足，不肯畢事也。又如監司郡守^{〔七〕}嚴刻過當者，須平心定氣與之委曲詳盡，使之相從而後已，如未肯從，再當如此詳盡，其不聽者少矣。

注釋

一　泰州獄掾：負責管理泰州監獄庶務的官吏，有如今之典獄官。泰州，今江蘇海陵。

二　顏岐字夷仲，彭城人，曾從呂本中祖父呂希哲遊，高宗建炎中累官至門下侍郎。曾欲阻李綱入相，有愧於師門。

三　處：安置。

四　辟：避開。

五　勾追：追查求證。

六　畢：完成，結束。

七　監司郡守：宋代各路轉運使、提舉茶鹽、提典刑獄均為監司。郡守即知州、知府。

《官箴・五》

當官之法，直道為先[一]。其有未可一向直前[二]，或直前反敗大事者[三]，須用馮宣徽[四]、惠穆[五]秤停之說[六]。此非特小官然也，為天下國家[七]當知之。

注釋

一　直道為先：要先堅持正直的原則。

二　其有未可一向直前：如果有不可能堅持正直往前的情況。

三　或直前反敗大事者：或者因為堅持正直往前的原則而招致失敗。

四　馮宣徽：指北宋名臣馮京。馮京，字當世，於宋仁宗皇祐元年（1049）狀元及第，宋哲宗即位，以宣徽南院使、太子少師致仕（退休）。

五　惠穆，北宋名臣呂公弼，字寶臣，以贈太尉卒，諡號「惠穆」。

六　秤停：按呂本中於所著《童蒙訓》中說：「器之嘗為予言：『當官處事，須權輕重，務合道理，毋使偏重可也，夫是之謂中。』因言：元祐間嘗謁見馮當世宣徽，當世言熙寧初與陳暘叔、呂寶臣同任樞密，暘叔聰明少比，遇事之來，迎刃而解。而呂寶臣尤善秤停事，每事之來，必秤停輕重，令必得所而後已也，事經寶臣處畫者，人情事理無不允當。器之因極言：『秤停二字，最吾輩當今所宜致力。二字不可不詳思熟講也』」。則「秤停」的意思就是讓秤能平衡，比喻衡量事情的輕重，不偏不倚，取其可以解決的中道。

七　為天下國家：指治理國家、主持國政的人。古代指皇帝、宰相，現代指總統、閣揆。

《官箴·六》

黃兌剛中[一]，嘗為予言：「頃為縣尉[二]，每遇檢尸[三]，雖盛暑亦先飲少酒，捉鼻親視。人命至重，不可避少臭穢，使人橫死[四]無所申訴也。」

注釋

一　黃兌：字剛中，浙江新昌人，英宗治平四年（1067）進士。
二　縣尉：宋代大縣設縣令、縣尉，縣尉負責治安，如今之警察局長。小縣僅置縣尉。
三　檢尸：驗屍。
四　橫死：死不得其所均為橫死。

《官箴·七》

范侍郎育作庫務官[一]，隨人[二]箱籠，只置廳上，以防疑謗。凡若此類，皆守臣[三]所宜詳知也。

注釋

一　范育：字巽之，三水人。從張載學。於哲宗元祐八年三月由給事中升戶部侍郎。庫務官，掌管庫房庶務的官吏。
二　隨人：隨從之人。
三　守臣：擔任地方官的人。

官箴與史記的對望

《官箴·八》

當官既自廉潔[一]，又須關防小人[二]，如文字歷引之類[三]，皆須明白，以防中傷[四]，不可不至慎，不可不詳知也。

注釋

一　既自廉潔：自己已經能做到廉潔。
二　關防小人：關閉防範心懷不軌的人。關防，本指軍事要塞。
三　文字歷引之類：應指可以引用作為資料的公文檔案之類。
四　中傷：惡意攻擊或陷害。

《官箴·九》

當官者，難事勿辭而深避嫌疑[一]，以至誠遇人而深避文法[二]，如此則可以免[三]。

注釋

一　難事勿辭而深避嫌疑：不可推辭困難的事，但要盡量避免會引起嫌疑的情事。
二　以至誠遇人而深避文法：用最真誠的態度對人，但要盡量避免遷涉法律。文法，指法律條文。
三　如此則可以免：能夠做到前面兩件事，就可以避免災禍。

《官箴‧十》

前輩嘗言，小人之性專務苟且[一]，明日有事，今日得休且休[二]。當官者不可徇其私意，忽而不治。諺有之曰：「勞心不如勞力」[三]，此實要言也。

注釋

一　苟且：敷衍推託。

二　明日有事，今日得休且休：只顧眼前的休息，不管明天會發生的事。比喻苟且推託。

三　勞心不如勞力：靠勞力維生的人，必須實事求是，才能換取生活之資。勞心之人，卻可苟且推託，缺少責任心。

《官箴‧十一》

徐丞相擇之[一]嘗言：「前輩盡心職事，仁廟[二]朝有為京西轉運使者[三]，一日見監窯官，問日所燒柴凡幾窯？曰：「十八九窯。」曰：「吾所見者十一窯，何也？」窯官愕然。蓋轉運使者晨起，望窯中所出煙幾道知之。其盡心如此。

注釋

一　徐處仁：字擇之（1062-1127），河南穀熟人，欽宗靖康間拜相，不半年罷，旋卒。

二　仁廟：指宋仁宗（1023-1063）。

三　京西轉運使者：宋分天下為路、軍、州、府，在汴京西者為京西路。轉運使職掌原為收繳地方稅賦，轉送京師者，後來也兼管地方庶務，為「監司」之一。

《官箴·十二》

前輩嘗言：「吏人不怕嚴，只怕讀。」蓋當官者詳讀公案[一]，則情偽[二]自見，不待嚴明也。

注釋

一　公案：卷宗檔案。
二　情偽：真假。「情」就是「實」。

《官箴·十三》

當官者，凡異色人[一]皆不宜與之相接，巫、祝、尼、媼之類，尤宜疏絕[二]，要以清心省事[三]為本。

注釋

一　異色人：泛指身分、職業特殊的人。如從事巫、祝、尼、媼的人。媼，泛指古人所說的三姑、六婆。
二　疏絕：斷絕來往。
三　清心省事：保持清淨明白的心思，不要被旁門左道所迷亂。

《官箴・十四》

後生少年，乍到官守，多為猾吏所餌[一]，不自省察，所得毫末[二]，而一任之間不復敢舉動[三]。大抵作官嗜利，所得甚少，而吏人所盜不貲矣[四]。以此被重譴[五]，良可惜也。

注釋

一　猾吏所餌：奸猾的小吏的引誘。

二　毫末：比喻極微小。

三　一任之間不敢復舉動：宋代地方官三年一任。已經收受了好處，所以三年內什麼事都不敢做。

四　吏人所盜不貲矣：俗語說：「不怕官，只怕管。」直接管事的小吏，巧取豪奪猶如偷盜，貪贓枉法，所得往往極多。

五　重譴：嚴厲責罰。

《官箴・十五》

當官者，先以暴怒為戒。事有不可[一]，當詳處之[二]，必無不中[三]，若先暴怒，只能自害，豈能害人。前輩嘗言：「凡事只怕待」[四]，待者詳處之謂也；蓋詳處之，則思慮自出，人不能中傷也。

注釋

一　事有不可：事情如果有問題。

二　當詳處之：應該冷靜仔細的思考處理，不可以暴怒。

三　必無不中：一定都可以掌握關鍵。

四　凡事只怕待：事情就怕時間的考驗。時機一到，自然水落石出，又
　　何必暴怒。

《官箴・十六》

嘗見前輩作州縣[一]或獄官，每一公事難決者，必沈思靜慮累日[二]，
忽然若有得者，則是非判[三]矣！是道[四]也，惟不苟者能之[五]。

注釋

一　作州憲：擔任州縣的主官。

二　累日：好幾天。

三　判：分明。

四　是道：沉思靜慮。

五　不苟者：能用心的人。

《官箴・十七》

處事者不以聰明為先，而以盡心為急。不以集事為急[一]，而以方便
[二]為上。

注釋

一　集事為急：急著完成工作。

二　方便：從容自然。

《官箴・十八》

孫思邈[一]嘗言：「憂於身者不拘於人[二]，畏於己者不制於彼[三]，慎於小者不懼於大[四]，戒於近者不侈於遠[五]。如此，則人事畢矣！[六]」實當官之要也。

注釋

一　孫思邈：陝西華源人，唐初隱士，通《老》、《莊》，善醫術。見《舊唐書・方伎傳》。

二　憂於身者不拘於人：自己有憂患意識，就不會被人窘困。

三　畏於己者不制於彼：自己隨時保持敬畏之心，如臨深淵，如履薄冰，就不會受制於別人。

四　慎於小者不懼於大：在小地方謹慎小心，養成習慣，就不會怕大的事。

五　戒於近者不侈於遠：對眼前的是保持戒惕，而不必過度考慮未來的事。

六　人事畢矣：人能盡心的事也齊全了。

《官箴・十九》

同僚之契[一]，交承之分[二]，有兄弟之義，至其子孫亦世講之[三]。前輩專以此為務[四]，今人知之者蓋少矣！又如舊舉將及[五]，舊嘗為舊任按察官者[六]，後己官雖在上[七]，前輩皆避坐下坐[八]。風俗[九]如此，安得不厚乎！

注釋

一 契：交情。

二 交承之分：交代承接的情分，指前後任的因緣。

三 至其子孫亦世講之：到了他們的子孫仍然繼續講求。

四 專以此為務：特別注意這分情誼的維繫。

五 舊舉將及：原來推舉的時間已經到了。

六 舊嘗為舊任按察官者：過去曾經擔任過按察官而是自己的上官的。

七 後己官雖在上：後來自己官位已經在上。

八 前輩皆避坐下坐：前輩們都仍然尊重過去的關係，坐在下坐。

九 風俗：指尊重長者、尊者的態度風氣。

《官箴・二十》

叔曾祖尚書[一]，當官至為廉潔，蓋嘗市縑帛，欲製造衣服，召當行者[二]，取縑帛[三]，使縫匠就坐裁取之，并還所直錢與所賸[四]帛，就坐中還之。滎陽公為單州[五]，凡每月所用雜物，悉書之庫門，買民間，未嘗過此數。民皆悅服。

注釋

一 叔曾祖尚書：呂本中之高祖呂夷簡，有子五，三子公著，即本中曾祖，有二弟公儒、公餗，即本中之叔曾祖。公儒官至戶部尚書。

二 當行者：製衣工匠。

三 縑帛：絲織品。帛是絲織品的總稱。縑是較細的絲織品。

四 賸：剩餘。

五　滎陽公為單州：呂本中祖父呂希哲，字元明，封滎陽子，故稱滎陽
　　公。為單州，擔任單州（在山東）知州。

《官箴・二十一》

關沼[一]止叔獲盜，法當改官；曰：「不以人命易官」。終不就賞，可
謂清矣！然恐非通道[二]，或當時所獲盜有情輕法重者，止叔不忍以
此被賞也。

注釋

一　關沼，字止叔，本中好友，生平不詳。
二　非通道：不是一般認可的做法。

《官箴・二十二》

當官取傭錢[一]、般家錢[二]之類，多為之程而過受其直[三]。所得至
微，所喪多矣[四]，亦殊不知此數亦吾分外物也[五]。

注釋

一　傭錢：就是佣金、回扣。
二　般家錢：般，同搬。搬家錢似為南宋所特有。朝廷於招募游擊軍
　　時，提供給應招人的有衣裝、般家錢、券食錢、絹等物，所以有般
　　家錢，是因為所招募的軍人必須連家眷一起般入軍寨居住。可參
　　《景定建康志》卷三十九。

三　多為之程而過受其直：訂下一定比例的「辦公費」之類的金額，以便處理，但都超收而中飽私囊。

四　所得至微，所喪多矣：實際得到的很少，但可能已經被認定是貪瀆了。

五　殊不知此數亦吾分外物也：竟然不知道即使是很少的數量，也不是自己應該得到的。

《官箴‧二十三》

當官者，前輩多不敢就上位求薦章[一]，但盡心職事，所以求知也[二]。心誠盡職，求之，雖不中不遠矣。未有學養子而後嫁者[三]也，當官遇事，以此為心，鮮不濟矣[四]。

注釋

一　前輩多不敢就上位求薦章：以前的人大多不敢向長官要求寫推薦的奏章。

二　盡心職事，所以求知也：盡心在職務上求有表現，以獲得長官的認識了解。

三　學養子而後嫁者：先學怎樣養孩子再嫁人，比喻本末倒置。

四　鮮不濟矣：很少不成功的。

《官箴・二十四》

畏避文法[一]，固是常情，然世人自私者，常以文法難任，委之於人。殊不知人之自私亦猶己之自私也。以此處事，其能有濟[二]乎！其能有後福乎！其能使子孫昌盛乎！

注釋

一　文法：指法律文書。
二　有濟：有所成。

《官箴・二十五》

當官處事，務合人情。忠恕違道不遠[一]，觀於己而得之。未有舍此二字[二]而能有濟者也。嘗有人作郡守，延一術士同處書室，後術士以公事干之[三]，大怒叱下，竟致之理[四]，杖背編置[五]。招延此人，已是犯義，既與之稔熟，而干以公事，亦人常情也，不從之足矣，而治之如此之峻，殆似絕滅人理。

注釋

一　違道不遠：離道不遠。能做到忠和恕，離為人處世的道理就很近了。
二　舍此二字：捨棄忠和恕兩個字。
三　干之：求之。
四　致之理：送交法辦。理就是法。

五　杖背編置：用杖打背，編管、安置，宋代對犯過失的官吏的懲罰。
　　編管等於廢棄不用，安置等於畫地為牢。

《官箴・二十六》

嘗謂仁人所處，能變虎狼如人類，如虎不入境、不害物[一]，蝗不傷
稼之類[二]是也。如其不然，則變人類如虎狼。凡若此類及告訐中傷
謗人，欲寘於死地是也。

注釋

一　虎不入境、不害物：老虎不進入管轄區，即使進來了，也不會傷害
　　人物。
二　蝗不傷稼之類：蝗蟲雖然進入境內，卻沒有傷害農作物。這兩句都
　　是形容地方官有仁民愛物之心，因而感動上天，而有類似現象。

《官箴・二十七》

唐充之廣仁[一]，賢者也，深為陳、鄒二公[二]所知。大觀、政和[三]
間守官蘇州[四]，朱氏方盛[五]，充之數刺譏之，朱氏深以為怨，傳致
之罪[六]。劉器之[七]以為充之為善欲人之見知[八]，故不免自異以致
禍患[九]，非明哲保身之[十]謂。

注釋

一　唐充之，字廣仁，大名人。博學善議論。

二　陳、鄒二公：陳瓘與鄒浩。陳瓘（1057-1122），字瑩中，號了翁，福建沙縣人。學者稱了齋先生。鄒浩（1060-1111），字志完，常州人，官至兵部侍郎，從楊時學，學者稱道鄉先生。

三　大觀（1107-1110）、政和（1111-1117）均為宋徽宗年號。

四　守官蘇州：據明王鏊《姑蘇志》，唐充當時在蘇州擔任「監蘇州酒稅務」。

五　朱氏：指朱勔（1075-1126），蘇州人，諂事蔡京，迎合徽宗垂意花石，興「花石綱」，擢至防禦使。豪奪漁取，流害州郡二十年。後為欽宗所殺。

六　傅致之罪：附會罪證而使入罪。

七　劉器之：劉安世，字器之，魏人，正色立朝，扶持公道，面折庭爭，抗辭不退，時號「殿上虎」。

八　欲人之見知：要別人看見並知道。

十　明哲保身：語出《詩經・大雅・烝民》：「既明且哲，以保其身。」朱熹解釋說：「明於理，察於事，順理以守身。」

《官箴・二十八》

當官大要，直不犯禍〔一〕，和不害義〔二〕，在人精詳斟酌〔三〕之爾，然求合於道理，本非私心專為己也。

注釋

一　直不犯禍：正直但不造成災禍。

二　和不害義：平和而不違背道義。

三　精詳斟酌：精密詳細考慮該如何作為。

《官箴·二十九》

當官處事，但務著實〔一〕，如塗擦文書、追改日月、重易押字〔二〕，萬一敗露，得罪反重，亦非所以養誠心、事君不欺之道也。百種姦偽，不如一實；反覆變詐，不如慎始〔三〕。防人疑眾，不如自慎〔四〕；智數周密，不如省事〔五〕；不易之道。事有當死不死，其詬有甚於死者，後亦未免死〔六〕；當去不去，其禍有甚於去者，後亦未必得安〔七〕。世人至此，多惑亂失常，皆不知輕重義之分也〔八〕，此理非平居熟講〔九〕，臨事必不能自立〔十〕，不可不預思。古之欲委質事人〔十一〕，其父兄日夜先以此教之矣。中材以下〔十二〕，豈臨事一朝一夕所能至哉。教之有素〔十三〕，其心安焉〔十四〕，所謂有所養也〔十五〕。

注釋

一　著實：落實，不模稜兩可。

二　重易押字：重新改變簽名。

三　反覆變詐，不如慎始：一再改變以至於必須欺瞞，不如開始時就要特別謹慎。

四　防人疑眾，不如自慎：防範別人，懷疑大眾，不如自己隨時謹慎。

五　智數周密，不如省事：謀略算計周詳嚴密，不如簡約行事。

六　當死不死三句：應該死而沒死，被詬罵比死了還嚴厲，後來還是不免要死。

七　當去三句：應該離開而不離開，災禍有比離去還嚴重的，後來也未必能平安。

八　皆不知輕重義之分也：不知道輕、重和合不合義的分辨。

九　非平居熟講：不是平日經常講說以求熟悉。

十　臨事必不能自立：遇到事情該下判斷時，就沒有信心。

十一　委質事人：「質」原作「贄」，見面禮。把贄放在地上表示恭敬效
　　　命，稱為「委贄」。

十二　中材以下：材能在中等以下。

十三　教之有素：平日就一直教導。素，平素，平常。

十四　其心安焉：因長期學習，所以心裡踏實安穩，反應自然。

十五　所謂有養：有養，有養成教育的效果。

《官箴‧三十》

忍之一事，眾妙之門〔一〕，當官處事，尤是先務〔二〕。若能清、慎、勤
之外，更行一忍，何事不辦？《書》曰：「必有忍，其乃有濟。」〔三〕
此處事之本也。諺曰：「忍事敵災星」〔四〕，少陵詩云：「忍過事堪
喜」〔五〕。此皆切於事理，為世大法，非空言也。王沂公嘗說：「喫得
三斗釅醋，方做得宰相。」〔六〕蓋言忍受得事。

注釋

一　眾妙之門：比喻所有方法的根本。語出《老子》：「玄之又玄，眾妙
　　之門。」

二　尤是先務：最先要重視的事。

三　書曰：《尚書‧周書‧君陳》：「爾無忿疾于頑，無求備于一夫；必
　　有忍，其乃有濟；有容，德乃大。」

四　諺曰「忍事敵災星」：按南宋王應麟《困學紀聞》十八：「忍事敵災
　　星，司空表聖詩也。」王氏又據葉夢得《避暑錄話》。今本《司空
　　圖詩》無。

五　少陵詩云「忍過事堪喜」：王應麟《困學紀聞》十八：「忍過事堪喜。杜牧之遣興詩也。」按杜牧〈遣興〉詩：「鏡弄白髭鬚，如何作老夫。浮生長勿勿，兒小且嗚嗚。忍過事堪喜，泰來憂勝無。治平心徑熟，不遣有窮途。」

六　王沂公：王曾（978-1038），字孝先，山東益都人。狀元及第，官至宰相。正色獨立，朝廷倚重。封沂國公，謚文正。釅醋，濃醋。「喫得三斗釅醋，方做得宰相。」或以為係宋初范質（911-964）語。

《官箴・三十一》

劉器之建中、崇寧初知潞州[一]，部使者[二]觀望，治郡中事，無巨細皆詳考，然竟不得毫髮過，雖過往驛券亦無違法予者。部使者亦歎伏之。後居南京[三]，有府尹取兵官白直[四]點磨[五]他寓居，無有不借禁軍[六]者，獨器之未嘗借一人。其廉慎如此。

注釋

一　劉器之：劉安世，字器之，見第二十七條。建中指建中靖國（1101），與崇寧（1102-1106）均為宋徽宗年號。崇寧初，即崇寧元年。

二　部使者：轉運使各部一路，故稱部使者。觀望，觀察伺望。

三　南京：宋代以河南商丘為南京，與東京(汴京開封)、西京（洛陽）、北京（今北京）合稱四京。

四　白直：選白丁之壯勇者輪值奉公，而無月給。

五　點磨：檢點審核。

六　禁軍：本指保衛宮廷或京師的軍隊，此處借指正規軍隊。

《官箴・三十二》

故人龔節亨彥承[一]嘗為予言：「後生[二]當官，其使令人無乞丐錢物處[三]，即此職事可為，有乞丐錢物處，則此職事不可為。」蓋言有乞丐錢物處，人多陷主人以利，或致嫌疑也。

注釋

一　龔承彥，字節亨，生平不詳。

二　後生：年輕人。

三　其使令人無乞丐錢物處：其使令人，指所使役的部下。無乞丐錢物處，指沒有地方可以需索錢財。

《官箴・三十三》

前輩嘗言：「公罪不可無，私罪不可有。」[一]此亦要言，私罪固不可有，若無公罪，則自保太過[二]，無任事之意。

注釋

一　前輩嘗言：按晁說之《晁氏客語》引楊時云：「范文正有言：作官公罪不可無，私罪不可有。」公罪謂因公事而入罪，如犯顏直諫等，私罪則以私事如貪贓之類而入罪。

二　自保太過：過度保護自己，則缺乏使命感與責任心，有「不求有功，但求無過」的苟且心理，所以說沒有做事的心意。

《官箴‧三十四》

范忠宣公〔一〕鎮西京〔二〕日，嘗戒屬官，受納租稅，不要令兩頭探戒。問何謂？公曰：「賢〔三〕問是也。不要令人戶探官員，等候受納官員；不要探納者多少，然後入場。此謂兩頭探。但自絕早入場等人口，則自無人戶稽留之弊〔四〕。

注釋

一　范忠宣公：范純仁（1027-1101），字堯夫，范仲淹次子，累官至尚書僕射，謚忠宣。

二　鎮西京：擔任西京洛陽留守。

三　賢：對問話人的客氣稱呼。

四　但自絕早入塲等人口二句：范純仁的意思，是收納租稅時，官員應一早就入場等納稅人，表示收租決心，不要讓納稅人有揣摩僥倖之心。

通識教育叢書　0200002

官箴與史記的對望

作　　　者	陳連禎	
責任編輯	呂玉姍	
特約校對	林秋芬	

發　行　人　林慶彰

總　經　理　梁錦興

總　編　輯　張晏瑞

編　輯　所　萬卷樓圖書股份有限公司

　　　　　　臺北市羅斯福路二段 41 號 6 樓之 3

　　　　　　電話 (02)23216565

　　　　　　傳真 (02)23218698

排　　　版　林曉敏

印　　　刷　博創印藝文化事業有限公司

發　　　行　萬卷樓圖書股份有限公司

　　　　　　臺北市羅斯福路二段 41 號 6 樓之 3

　　　　　　電話 (02)23216565

　　　　　　傳真 (02)23218698

　　　　　　電郵 SERVICE@WANJUAN.COM.TW

香港經銷　香港聯合書刊物流有限公司

　　　　　　電話 (852)21502100

　　　　　　傳真 (852)23560735

ISBN 978-626-386-144-2

2024 年 8 月初版

定價：新臺幣 280 元

如何購買本書：

1. 劃撥購書，請透過以下郵政劃撥帳號：

　　帳號：15624015

　　戶名：萬卷樓圖書股份有限公司

2. 轉帳購書，請透過以下帳戶

　　合作金庫銀行　古亭分行

　　戶名：萬卷樓圖書股份有限公司

　　帳號：0877717092596

3. 網路購書，請透過萬卷樓網站

　　網址 WWW.WANJUAN.COM.TW

大量購書，請直接聯繫我們，將有專人為您服務。客服：(02)23216565 分機 610

如有缺頁、破損或裝訂錯誤，請寄回更換

國家圖書館出版品預行編目資料

官箴與史記的對望/陳連禎著.-- 初版.-- 臺北市：萬卷樓圖書股份有限公司, 2024.08

　　面；　公分.--(通識教育叢書；200002)

ISBN 978-626-386-144-2(平裝)

1.CST: 史記　2.CST: 官箴　3.CST: 比較研究

4.CST: 注釋　5.CST: 宋代

573.425　　　　　　　　113009942